日本史籍協會編

長崎警衞記錄

東京大學出版會發行

例言

一、本書には福岡藩士井上權一郎が長崎祇役中の手留(一)弘化二年乙巳二番々日記卽ち同年夏英吉利船入港當時警衛の記錄と(二)嘉永六年丑一番々之末魯西亞船渡來増人數被差越記卽ち「嘉永六年魯西亞船渡來二番々其外増人數被指越候節記錄」と題せるもの(三)安政元年甲寅紅毛船渡來之記卽ち「嘉永七年甲寅閏七月に紅毛蒸氣船渡來に付急速被差越置候内イキリス船四艘致渡來候節之記」と題するもの凡て三部を收む。記事頗る瑣細に亘れるものあれども當時異國船渡來に際し長崎港警衛の狀を知るに足る貴重の文獻となす。

一、福岡藩の長崎警衛に就きしは、是時に始まりしにあらず、由來する所頗る遠しとなす、玆に其沿革を略述して本書を讀む人の參考に資し置くべし。

島原の亂後德川幕府は鎖國の制を建て平戶の貿易場を閉してたゞに同國長崎の一港を以て本邦唯一の開港場となし寬永十八年二月筑前五十二萬石を領せる福岡藩主黑田家に對して當年の參覲を免して長崎警備に當らしめ請を許して大阪に藏する石火矢筒彈藥を交付しその充實を計らしめ翌十九年更に佐賀藩主鍋島家に之と同樣の令を出し以來一年交代を以て此事を專當せしむ。時に變遷ありしも此制明治元年に至る約二百年間存續せり。抑も福岡藩の此事に當る闔藩一箇の信念ありき、藩祖黑田長政の遺言に筑前就封の理由を述べて『四國筋にて兩國も可被下哉又筑前にて一國可被下哉內存御尋候、我等申上は兩國は可奉望事に候へども如此天下平均に被成候間日本國中に於て家康公に敵し背き申者あるべからず指たる御奉行可申時節ある間敷く筑前は大唐之渡口にて殊に探題所にても候へは他の國兩國にも增申と存候大唐の御先手と思召筑前を被下候はゞ可爲本望由申上候』云々と今長崎警衞の任に當る將に藩祖の遺意を繼承するものと云ふべし。此を以て藩は先づ戶町西泊の番所を建て其全力を擧げて警衞の充實を計れり其任務の主たるは長崎港沿岸幷諸島にある石火矢臺の守衞なりき、明曆元年春太田尾、女神、神崎、高鉾、白崎、長刀岩、蔭ノ尾の石火矢臺竣工す。松浦肥前守の奉命せし所、次で文化五年英船出島蘭館乘取の暴擧に懲り新規臺場の築造に精進しスヽレ、神崎、女神、高鉾、蔭ノ尾の新規石火矢臺文化六年六月成功す。其內前三臺は福岡藩、後の二臺は佐賀藩並に其の築造を擔任する所なりき。更に增臺場の議起り文化九年七月竣工す、高鉾二臺長刀岩四臺神崎三臺魚見岳三臺前者六臺は鍋島家にて後者六臺は黑田家にて造營に當れり。而して太田尾、スヽレ、女神、神崎魚見岳を當番受持とし白崎、高鉾、長刀岩、蔭ノ尾を非番受持とす。幕末に於ける福岡藩定例の長崎警衞一ヶ年間は藩士を四番に案配して長崎に番立を命ず一隊約三ヶ月滯崎して次の隊と交代し當番の石火矢臺を守衞しその佐賀藩との交代は大抵三、四月の頃なり。藩主亦在國中四度長崎に越坐して巡視す。非番の年と雖異國船豫期せざるに來航するあれば藩士隊を編して急ぎ長崎に到り所謂非番石火矢臺の警備に就くを例とす。其の當番の年費す所の藩費約五萬石と推定せらる。

一、本書刊行に際し黑田侯爵家がその所藏の臺本を貸與せられて其刊行を認可せられ且權一郎の實弟故山中立木氏亦本書の刊行を許されしを感謝す。

昭和七年六月

日本史籍協會

長崎警衛記録　全

目次

目次

弘化二年乙巳二番々日記

井上権一郎信元
七月イキリス船渡來
○四月九日大頭河村五太夫方ゟ貳番々當り前同役中ゟ左之通達來
各事相達儀有之候條明後十一日四ッ時　御館役所ゟ可被罷出候以上
四月九日
○同十一日大頭役所ゟ致出方候處河村ゟ左之趣被相達候事
貳番々被指越候に付爲心得相達置候樣御月番又之進殿被仰聞候事
一御軍事御改正にゐ別帳御定書之通に相成脊旗切御渡相成候に付同役中申合一同に博多東町茜屋ゟ染方之儀兼ゐ申付置候分致出來候に付
四月十五日取に行染代六錢九匁外に縫立糸半かせ染代拾文相渡候事

○四月十八日去年長崎表紅毛本國船就渡來急速被指越候節之爲御稱譽當春御目錄頂戴之分を以小筒荒地張立之儀一鬼正次郎へ申付今日地板鍛立候に付見物に行候事
○同廿日右之分卷立〆上致候に付見物に行候事
○同廿二日右之分ならし上に付右同斷
○同廿三日右火床拊子等入毎事添候に付直に銃工一鬼道左衞門致持參先力様迄之外賴置是亦拜領金之内壹步相渡置候事
○五月三日唐人町八百屋助六方ゟ行兼ゟ實父を以銀主之義及相談置候末致噺合銀主と申候ゟは請持不得候得共當月ゟ月々貳步宛可貸遣長崎留守中之儀致安心候樣之旨相答候事
○同廿日河村五太夫方ゟ二番々同役中ゟ左之通り達來
各事長崎貳番々内用意被　仰付置候通彌被指越候旨今日御月番三左

衛門殿被仰聞候尤六月廿二日乘船之筈に候其心得可有之候以上

五月廿日

尙以左之面々今日御呼出にゐ長崎貳番々御石火矢役代として被指越旨御月番被仰聞候此段爲心得申入候以上

津田茂太夫

飯永市兵衞

東郷半之丞

○同廿三日河村ゟ左之通持廻にゐ達來

長崎貳番々御番手名付御用所指出置候條米銀證據勝手次第仕出御受取可有之候且又先荷物品付目録來る廿九日銀拵者手許に可被差出候

御船積日限は追ゐ可相達候以上

五月廿二日

○五月廿四日河村へ左之通先荷差出致置候事

先荷指出

一五ッは　米箱
一六俵は　石炭
一三ッは　漬物桶
一壹からけは　こも包
一壹からけは　桶類
〆五口

弘化二年五月　井上權一郎花押

河村五太夫殿

○同日御勘定所行諸證據大賀俊藏に頼置
○同日河村ゟ左之通達來
各事於長崎詰合御臺場諸持割可申談候條明後廿六日四ッ時役所に可
張出候以上

五月廿四日

○同廿六日大頭役所被致出方候處河村五太夫方ゟ詰合書付左之通り申談

西泊

吉田市六
原田助太夫

太田尾

安川兵太夫
根中藤藏
井上幸左衛門
大森圓太夫

神崎

久佐彈兵衛
井上權一郎
末田喜太夫

伴次郎左衛門
東郷嘉左衛門

長刀岩
櫻井伊平
東郷平之丞

魚見岳
野間又六
杉傳兵衛
桑原彌七郎

高鉾
安部孫太夫
早川利太夫
津田茂太夫

陰尾
飯永貞助
轟德太夫
飯永市兵衛

御臺場々々請持右之通

○五月廿七日左之通河村ゟ達來

長崎貳番々先荷船出船依御都合來月十日出船被　仰付筈に付八日比ゟ荷物積方に可相成候條其心得可有之候例と違前廣之出船に付此段相達候以上

五月廿六日

○六月朔日諸證據相濟候分大賀俊藏持參請取候事

○同四日波奈ゟ先例に遣候石炭鹽等求に行歸加瀬丈七方ゟ諸證據持參御銀金にて引替之義賴置米證據は中師仁右衛門ゟ左之書付添賴置候事

覺

一米六俵三斗六合

一同四俵壹斗九升九合

〆拾壹俵壹斗七升七合

內

四俵は　加瀬丈七方ニ持込
四俵は　八百屋助六方ニ持込
三俵壹斗七升七合は　井上權一郎方ニ

○同五日家賴召連加瀬丈七方へ行先荷之米四俵箱詰預置候事

○同七日先荷船八幡丸乘船加茂丸何れも手明問合に來

○同日後濱町日出方之上兼而張立居候荒地致力様候處炭籠りか大へげ出る

一左之通河村ゟ達來
當貳番々各先荷物別帳日割之通致御船積候旨御船奉行ゟ申出候間同日朝五ツ時ゟ九ツ時迄之間荒戸柱倉前ニ持出御船方へ可被爲渡候尤爲受取方無禮船頭兩人同所ニ罷出居候條同方引合御船積可有之候以上
六月六日

八幡丸　六月九日積　井上權一郎荷船
梶取　末田喜太夫同
城戸勝助
其餘略す

○六月九日家賴に申付先荷積爲致候事目錄左之通相渡候事

先荷目錄
一四ッは　米箱
一七俵は　石炭
一二ッは　漬物桶　一ッは七りん二つ火かき
一壹からけは　火鉢　炭とり　のりこし
一壹ッは　油入樽

〆六口
年　月　　　　　　名印判
八幡丸梶取城戸勝助殿

○同日一鬼道左衛門悴彌太夫來荒地力樣致し候分相渡雖通し候上にゐ評義いたすへく申談置候事尤力樣別條無候はゝ今日半代銀相渡筈候得共今日限りにゐ金貳朱入用之由申候に付則遣し候是迄貳歩貳朱に相成
一家來源八ゟ今日壹歩貸是迄都合貳歩相渡給金は六錢百目極
○六月十一日早川又一郎方ゟ行具足之下著拵候に付致相談候事
○同十二日早朝御切紙到來長崎貳番々被指越候に付明後十三日　御目見ゟ被　仰付御料理をも頂戴被　仰付候旨御月番彦兵衛殿被仰聞候旨河村ゟ達來且上下著用前御禮之儀も例之通書加有之事
一左之通河村ゟ御番手中ゟ當廻達來候事

長崎貳番々中白帆相達候節御手當定書一册幷御船組帳共指廻候條可被得其意候尤事長き義に付銘々入用之廉々拔書被致先々早々被指廻留りゟ拙者手許ニ可被指返候以上

六月六日

一朝飯後爲前御禮惣詰ニ出方御帳ニ名許相記置候事

○同十三日左之通五太夫方ゟ御番手中ニ廻達來

別帳四册相達候條被得其意早々被指廻來十四日限留りゟ可被指返候以上

六月六日

壹册は　送り立御船組

壹册は　住居割

壹册は　火災之節出方割　略不寫

壹册は　於浦津心得書　同

於長崎平日住居割　但御臺場々々詰分は前に有之故略す

西泊

聞次木屋　喜多村嘉兵衛
中ノ木屋　久勢與一郎
加番木屋　木山彈兵衛
　　　　　三隅藤兵衛
下ノ段木屋　吉田市六
　　　　　　原田助太夫
一番船　伊藤庄左衛門
二番船　松本市郎左衛門
三番船　臼杵佐太夫
　　　　梅野團之丞

四番船　木立藤次
　　　　因源七
五番船　林榮次郎
　　　　山崎平太夫
四十二丁立　藤澤養壽
四十六丁立　大原千吉
五十丁立　上田佐平
三十八丁立　空船
〆
戸町
一番木屋　浦上善之進
二番木屋　八木靭負
　　　　　原茂助

三番木屋　梶原七十郎

一番船　山内助左衛門

二番船　有村卯兵衛

三番船　槇千之丞
　　　　堀仙左衛門

四番船　坂口和三郎
　　　　淺香了藏

五番船　空船

四十六丁立　礒山幸助

四十六丁立　高橋良吉

四十六丁立　空船

三十八丁立　空船

長崎二番々送り立御船組

鴻毛丸

一五十六挺立　月成権太夫　御船頭上田佐平　梶取鹽川長次

方圓丸

一五十挺立　蒔田権右衛門御足軽　御船頭礒山幸助　梶取池正吉

大新造丸

一五十挺立　河村五太夫御足軽　御船頭大原千吉　梶取栗山壽一

一五十挺立　大野十郎太夫御足軽　御船頭高橋良吉　梶取立花清作

好風丸

一三十六挺立　大組 伊藤庄左衛門　梶取 荻野杢左衛門

柳丸

一三十六挺立　同 山内助左衛門　同 菅長次

快風丸

一二十二挺立　御目付 有村卯兵衛　同 本城久兵衛

多幸丸

一五十六挺立

御足輕頭 浦上善之進
同 喜多村嘉兵衛
同 原茂助
同 八木靱負
同 各務與一郎
同 梶原七十郎
御石火矢役頭取 吉田市六

萬歳丸
一四十六挺立

加徳丸
一五十六挺立

御石火矢役頭取原田助太夫
御醫師藤澤養壽
御足輕梶取吉田勝次
御足輕頭木山彈兵衛
同三隅藤兵衛
御石火矢役安川兵太夫
同御足輕大森圓太夫
梶取大塚代作
御石火矢役安部孫太夫
伴次郎左衞門
早川利太夫

飯永貞助
轟德太夫
東郷嘉左衛門
櫻井伊平
津田茂太夫
飯永市兵衛
東郷平之丞

加茂丸
一五十挺立

梶取中野太六
御石火矢役
久佐彈兵衛
杉傳兵衛
野間又六
井上幸右衛門

一五十石小早

韋駄天丸

一五十挺立

根中藤藏

井上權一郎

桑原彌七郎

末田喜太夫

御船奉行

松本市郎左衛門

梶取吉本茂八

梶取入江仁作

臼杵佐太夫

木立藤次

槇千之丞

坂口和三郎

因　源七
堀　仙右衛門
林　榮次郎
淺香了藏
山崎平太夫
梅野團之丞

一三三十石小早　往來船中番頭中用船
　　梶取　前田德助
一十六急用丸　中老用船
　　舟付　喜平次
一四六挺小早
　　同
　〆御船數十六艘
一紙樫炭拜借之儀例之通引合相濟居候間勝手次第拜借致候樣吉田市六
　ゟ廻狀來

一左之書付為心得大頭ゟ被相達候

覺

一當二番々乗船例之御番ゟ比合早候に付二番々致著崎候迄自然阿蘭陀船入津無之御番所交代之當日に至白帆之注進有之候節は御茶屋渡海以前に候はゝ一番々ゟ引請渡海以後に候はゝ二番々ゟ引受候樣に交代之都合申合候事

一貳番々御船々著崎御番所下へ乗込明日之交代申合候節前件之注進有之候はゝ御船々繋船之儘船列相立船飾いたし番頭初銘々乗船へ罷在自然事變候趣に候はゝ增人數御定之通に申合候事

一右同著崎に臨蘭船入津之模樣に而未た湊內へ挽入無之時節に候はゝ神崎邊江御船に繰込船飾等いたし挽入之上御番所下へ乗込候樣申合に候事

但例之商賣船に而全く挽入遅々いたし候模樣に候はゝ御番所へ問

合候上時宜に依ては御番所下へ乗込候儀も可有之哉に候得共御番所にも繁雑之折柄に付事々定例之手數相濟候上例之通御番所下ハ乗込候方可然と申合候事

〆

一四ツ半過御番手中ハ

御目渡御月番彦兵衛殿ゟ於長崎番頭中得指圖入念可相勤旨御意之趣被仰達候事

一九ツ半比ゟ御料理頂戴例之通御廣間也御用人ゟ御挨拶有之頂戴相濟御弓之間にて薄茶頂戴有之五人計つゝ罷出御料理左之通

御膾　うり　うど

御汁　つみきり　かまほこ　小豆腐

香物　淺漬

御平　丸半へん　葛かけ　卸生かけ

御飯
一番肴　半へん
御吸物　うりのり
御菓子　のし饅頭
右御禮は例之通惣詰御帳に名元相記候事
一紙役所へ家賴遣拜借致候事
○六月十五日高挑燈馬乘騎馬共紋付油引等相仕舞
○同十七日荷物入組いたし候事
弘化二年巳六月十六日長崎立之大早十八日に著薩州聞役ゟ此方樣聞役ヘ爲知之寫左之通十八日明石助九郎宅に往合せ寫之
去月十五日琉球國那覇川口ヘ異國船一艘渡來卸碇候に付役々被指越相尋候處異國人は言語文字不相通唐人一人乘組居暎咭唎國之船にて人數二百人乘組當四月廣東より呂宋ヘ指越八重山島にも罷渡夫ゟ琉

球ゟ來著いたし候段申出本船石火矢等乗付有之候得共兵船之樣子には不相見然處佛蘭西國之船渡來之義承居候由にて相尋候に付去年三月來著佛朗西人一人唐人一人殘置本船致出帆候義共追々御屆申上置候通之成行相答候處當七月暎國之船今一艘來著可有之野菜等所望候はゝ相達吳候樣申出候に付何樣之義にて可致渡來哉と承り候得は方々渡海之中途汐掛にて何そ子細は無之旨申出尤任望食料相與候處是ゟ如日本渡海地方致見分候段承り候に付日本は何つ方へ參候哉と相尋候處此儀は取極さる段申置同十七日亥子の方ゟ向致出帆候右に付ては八重山島にも爲致來著筋に候得共遠海故未何分不申越且滯留中締方嚴重に申付候段琉球ゟ飛船被仕立申越候尤日本へ可罷渡旨申出候に付て領內浦々取締申付候右之趣今日伊澤美作守樣ゟ御屆仕置候事

巳ノ六月

○同十八日河村ゟ明後日御調之義達來候事
○同廿日四ッ比御館出方跡聞指出は同役一紙連名にて指出御扶持方證據も引替九ッ比御月番彥兵衞殿江調候事
○同廿一日早朝ゟ荷からけ無程加茂丸ゟ荷物取に來る
○同廿二日四ッ半比出立久佐江誘引九ッ過波止場致乘船屆例之通連名にて河村江相屆七ッ半比座直入夜模樣惡く五ッ半比波止內江漕戾
○同廿三日六ッ半比波止出船北東風七ッ比粟生著船入夜夕立
○同廿四日七ッ時比粟生出船四ッ過ほうき著夕五ッ比出船八ッ比面高著
○同廿五日朝五ッ比面高出船西風八ッ比神島著船壹番々同役來八ッ半比神崎江揚る去る廿日紅毛船入津相濟居候に付例之通りに候事
一先番神崎詰小川彥助大西諸平梶原八兵衞ゟ書付を以每事申送有之今夕は新古同役六人共致相宿候事荷物等無別條請取
一夕河村ゟ一番々同役中江左之通達來

明廿六日內交代之儀新古番頭中申合候條各事交代可有之候以上

六月廿五日

○同廿六日早朝一番々面荷積每事請取渡濟無程乘船波止迄送候事

一晝後彈兵衞同船にて先番大頭其外同役船ゟ行夫ゟ西泊へ渡海中老大頭同役木屋へ行歸　天滿宮參詣いたし候事

一貳番々先荷船去る廿五日廻著之由今日荷物積來無別條請取

一先番大組頭衣非茂左衞門大造之病氣に付二番々大組頭蔣田權右衞門去る十四日御國許出立にて交代に相成茂左衞門方も陸路ゟ歸相成候に付醫師多久玄臺付添權右衞門方乘船同十五日出船にて廿五日著崎之由右船ゟ二番々醫師藤澤養壽罷越候に付此節船中は荻野道一爲用心被差越

一番々一同罷歸候事

一左之通河村ゟ御當非同役中ゟ達來

明廿七日權太夫於居木屋御壁書拜聞に付各自袴著用にて五半時可被罷

出候尤當番之面々は右相濟被代合四ッ半時權右衞門居木屋ゟ可被罷出候已上

一夕五ッ半比一番々衆神崎出船いたし候事

○同廿七日彈兵衞善太夫西泊渡海御壁書拜聞相濟歸船之上拙者戸町渡海權右衞門方御木屋にゐ御壁書拜聞尤白崎ゟ魚見岳ゟ出番中に付神崎ゟ暫時介番として彈兵衞渡海す拙者相船也

○六月廿八日御臺場内御石藏御道具木屋等相改別條無之候事

○同廿九日早朝河村五太夫方御臺場見分兼沖廻有之付廻左之面々

浦上善之進

喜多村嘉兵衞

吉田市六

原田助太夫

其外例之役々

一市六義當所ゟ高鉾迄船貸呉候樣申候に付當所付八挺に彈兵衛拙者も相船にて高鉾に渡海す右は火矢筒一件なり夫ゟ長刀岩陰尾にも渡海直に西泊へ行歸路山越へ太田尾へ行直に山越にて神崎に歸

一神崎太田尾之間道已前は有之候得共近年通路無之故道不相分候處當壹番々踏分又々已前之通間道致出來候事

一左之通河村ゟ御當非同役中に達來

各居木屋建具類枚數預書例之通來る七日限拙者手許へ可被指出候已上

○七月朔日先荷船三艘出船○七ッ比御越坐立御船に著晝比瓜立著

一先番ゟ申出有損所爲繕大工職左官職瓦職來相屆候事

○同二日西泊致渡海御當非御臺場々々ゟも渡海致し居候に付申合等いたす

一金皷具其外御道具預書幷建具類指出共一番々之分に奥繼致候而は如何可有之哉申合五太夫方江申入候處其通にて可然旨被申談候に付一番々之分に奥書致三通共に書判之處に申合今日相仕舞候事

一御筒手入之品々是迄は石火矢打頭取ゟ役所へ申出請取居候得とも當一番々ゟ相改同役ゟ差出處々申合候旨先番ゟ申送候に付左之通指出尤御越座も近寄候に付其手御當用之品々も書加置候事

覺

一辛子油　壹合

一砥粉　壹ッ半

一薪代　百三十文

一雜巾切　九ッ

右は御筒手入用

一空俵　五俵

一御幕絞り緒　六筋
右は御越坐御手當入用
右御渡被下度候
七月　神崎詰　石火矢役
〆
損所指出
一三の増小番所所々朽損
七月　同　石火矢役
覺
神崎水場及渇水候間水取船之儀御船奉行ニ御談被下度候
七月
一御石藏土戸昨日御作事ゟ手入致候分土厚く候ゐ〆り兼錠卸し難候間其段五太夫方ニ口上にゐ申出置候事

一異船用諸御道具請取帳は已前ゟ奥書にゐ相濟來候に付是亦今日相仕舞
一五太夫方ゟ海寇記略と申本寫方被相頼候に付今日紙共に持歸
○七月三日西泊聞次足輕頭喜多村嘉兵衞損所見繕に來
一地方大工山崎久左衞門と申者受負にゐ貳貫四百目壹〆目御筒覆新に仕立に來候事
一御作事方ゟ土戸〆り兼候分手入に來候事
同日七ッ半比深堀之注進船吹貫振烈敷致通船候に付急用船を以外聞爲致候處四十里程沖に事變り候船相見未た白帆共唐船共難見分今少致候はゝ碇と相分可申由相答候に付直に瀨戸乙名深堀儀太夫に急用船遣居候折柄同人致通船候に付聲掛相尋候處唐船と相見候旨相對候に付御臺場飾も用意之儘にゐ見合せ候內戸町は半は丈餝立候得共西泊其外御臺場々々は何たる模樣も無之無程入夜候處深堀は夥敷挑灯等相見候に付如何之都合哉と相伺居候處四ッ半比御番所魚見岳へ御提灯燈立候に付

当所も御械致候事
○同四日未明ゟ公船等追々乗出折柄儀太夫又々通り掛候に付相尋候処今
朝野母遠見に白帆相見ゐ候趣相答無程遠見々々に石火矢之相図打有之
一早朝ゟ根中藤蔵其外御番所ゟ手傳御足輕追々渡海致來候事
一御番手粧束当御番ゟ具足下陣羽織に相成候に付下著小袴脚半水足袋陣
羽織陣笠にゐ受持場所ゐ致出張候事
一五ッ半過検使船弁警固船等通船高鉾わく堂島ノ沖邊へ繋船に相成
一九ッ比伊王島ゐ西北之沖神崎ゟ見廻候得は瀬戸神崎之間ゟ見ゐゐ異國
船一艘帆にゐ走り込八ッ比伊王島と高鉾之中央ゐ碇入候事
一入夜風雨烈敷候得共交々御台場廻り方石火矢打ゐも申付候事
○七月五日異船守衛は足輕頭四人組共異船之四方に繋船半日交代也
一大頭も高鉾ゐ出張に相成本船其外船々共出張候事
一馬廻頭は長刀岩へ出張右同断

○同六日高鉾ゟ假木屋致出來
一白崎御臺場上ノ方ゟ小鹿倉諫早深堀ゟ陣取幕張等有之人數追々入込候模樣候事
一大頭馬廻頭共御番所ゟ引取に相成
一異船へ野菜材木等被下と相見ゟ漕運候事其外被下物は終に記之
○同七日吉田市六來申談候はヽ此節之異船はイキリス船之由廣東ゟ呂宋へ來夫ゟ朝鮮に行朝鮮ゟ當所へ來候由廣東人二人乘込通詞いたし候由國王之命を受て諸州分見に廻り候處薪水乏敷相成候に付所望旁渡來之段申候由山手へも揚り分見致度趣相願候由に候得とも御許容無之併所望之品は少々御渡相成昨日ゟ追々積込明日は致出帆候と之事將又殿樣彌去る五日御發駕にて明日御著崎被遊御上陸は先神崎之處伺に相成居候に付多　御上りに可相成大頭も繁雜之折柄に付市六ゟ申談候樣五太夫方ゟ申談候とと之事

一佐嘉御人數廻著に付御非番所相渡候樣御奉行所ゟ御達有之候由に付長刀岩白崎二ヶ所相渡度最早明日出帆も致候都合に付右之處にて致承知候はゝ長刀岩之面々は蔭尾へ引越白崎は傳兵衛引拂候得は甚事少く候得共二ヶ所にては佐嘉ゟ承知致間敷左候得は長刀岩蔭尾詰之面々は魚見岳太田尾へ行高鉾詰之向は神崎江參候處に申合置候間其心得致居候樣市六ゟ申談候事

一諫早人數今日も追々廻著之模樣なり同所ゟ固候場所凡左之ヶ所也

神島　わく堂島　伊王島　香燒島　小鹿倉

一深堀之人數は小鹿倉邊ゟ深堀江掛幕張等相見候事

一暮合御非番所渡立會之役々大頭初白崎へ出船に相成候事

一夕九ッ比御非番所渡相濟八ッ過高鉾諸同役安部孫太夫早川利太夫津田茂太夫當所へ渡海在來侍番所へ居住石火矢打も來右之面々荷物は地方團兵衛船雇に相成四ッ比積來石火矢打之分は同く別船にて積來今夕八

ッ過大夕立也
○同八日曇天西風吹募波立殊之外強
一左之通大頭ゟ御番手中江達し來
イキリス船來津に付佐嘉ゟ被指出候御人數相揃候由にゐ御非番所御
臺場御同方江御引渡致候樣御奉行所ゟ依御指圖今日御引渡相成候
右之通御引渡相成候共御番船は矢張從　此方樣被指出事に候條彼是
爲承知申入候已上
七月七日
一五ツ半比イキリス船出帆いたし候事
一八ツ半比撿使船引拂相成候事
一諫早豐前沖見分と相見致通船候事
一此節唐通詞共ゟ指上候書付寫左之通
今日入津之白帆船乘組居候廣東人申口左に申上候

一本船之義はイキリス國仕出之由
一乗組貳百五十八人右之内廣東人壹人乗組
一當六月比琉球國へ罷渡夫ゟ朝鮮へ罷越候由
一本船仕出之義は諸國測量之ため國王ゟ指遣候義に付御當地も爲測量
山手江上陸仕度申出候
一牛薪水油鷄等申受度由申出候
右之通荒增承り候次第申上候猶委細之儀は追々相尋可申上候已上
七月四日　唐通詞連名

〆

一左之通河村ゟ同役中江達來
尚以御巡見御剋限之儀は未た不相分候條明早朝と心得可有之候以上
殿樣當表爲　御越坐去る五日御國許　御發駕今八日大村ゟ當所　御著
明九日兩御番所御臺場々々　御巡見被遊筈に付其心得可有之候尤イキ

リス船致出帆帆影見隠候後に相成候はヽ銘々請持筋其外共平常　御巡見之通每事可被相心得候繁雜中之義委細不相達候間懸念之筋も有之候はヽ拙者ゟ可被及問合候此段相達候以上

七月八日

市六は神崎出方助太夫は戸町出方
御名代等打廻之義も達有之略す

尙以御巡見之節御往來共御臺場波止ゟ可被罷出候且　御名代被爲越候はヽ御臺場は同所詰石火矢打頭取幷御道具受持之者ゟ案內いたし候樣可被申談候已上

西泊御番所　戸町御番所　神崎御臺場

右御巡見

太田尾御臺場　すヽし御臺場

右御船中ゟ　御見流

魚見岳御臺場　女神御臺場

右御名代

〆

一兼て申出置候御筒手入諸品其外共石火矢打頭取へ申談西泊ゟ受取に遣
手入等爲致候事
一西泊へ石火矢打頭取渡海之節市六ゟ傳言に同役此節陸地ゟ來居候面々
之内五人程神崎ゟ手筈に付三人は上ノ木や二人は侍番所へ高鉾ゟ來候
三人と同居いたし可然申談置候に付右之趣別段不申遣候旨申來
一夕月成權太夫方河村五太夫方連名にて同役中ゟ左之通達來

別紙

御意之趣各ゟ可相達旨御供御用人吉田久太夫ゟ相傳候條則相達候右
は居木屋ゟ呼出相達義に候得共今程繁雜中之義に付其儀無之候其旨
可被相心得候已上
七月八日

別紙之寫

今度異國船渡來之趣　御承知被遊候に付吉田久太夫爲其從塚崎驛
御先に被指越候兩御番所を初守衛方彌嚴重執計候樣可申聞旨　御意
に候事
一夕石火矢打ゟ爲相知候はイキリス船致出帆候得共風故歟伊王島沖ゟ碇
入仕候段瀨戸之者ゟ當所付急用船之者ゟ及噂候由に候事
一夜中御挑灯篝火昨夕之通に致候事
一御非番所佐嘉之方も同樣に候事
一御足輕頭番船四艘共に今日も致繋船居候事
○七月九日御臺場飾等昨日飾立之儘御筒引出引綱掛火蓋置札其外木手子
火指等も其儘にいたし置候事
一五ッ半比　殿樣御出船四ッ比西泊御揚り被遊風雨烈敷相成候に付同所
にゐ暫時御見合之御模樣夫ゟ戸町女神御上陸九ッ比神崎邊迄御出被遊
直に御引返御揚陸不被遊候間何も見合御辭儀申上候事波止出方左之通

安部孫太夫
久佐彈兵衛
根中藤藏
早川利太夫
井上權一郎
末田喜太夫
津田茂太夫

何れも具足下陣羽織之儘陣笠持參

一九ッ比沖出方之番船は足輕頭四艘共引拂候事

一御國許ゟ急速陸路被指越候面々八日黄昏ゟ今日迄に追々著崎致す
○七月十日陸路ゟ著崎之同役當所住居之面々追々上り來左之面々也

横田惣六
栗原大八

右之外陸路ゟ來著同役住居割左之通

西泊

太田尾

大森吉助
藤井利左衛門
梶原八兵衛

西川勘兵衛
太田七右衛門
村澤喜三太
本間源之進
大西諸平

藤林源三郎
長田半左衛門
藤田文兵衛

津田次太夫

女神

一野間五三郎

一御非番所は御飾引候得共未た帆影見隠之達無之候間御番所初御當番所御臺場々々は夜中御挑灯燈方是迄之通候事

○同十一日河村ゟ左之通達來

各事相達儀有之候條明十二日四ッ時袴著用權太夫居木屋江可罷出候

此段相達候以上

七月十一日

河村五太夫

安部孫太夫殿

一晝後戸町魚見岳御飾引候に付當所も爲取入候事

一御飾中風雨烈敷御旗十九流所々損無別條分は全三流也御旗竿は六本損有之御長柄鎗御幕も損所々有之候に付近日中出筈に候事

一左之通掛合來

久佐彈兵衛殿
早川利太夫殿
井上權一郎殿
末田喜太夫殿
津田茂太夫殿

今程其御臺場付船に相成居候急用船三艘之内壹艘今日御遣方有之候條引上候早々手許西泊ゟ乘船役所ゟ引合候樣可被申付候以上

七月十一日

右三艘之急用船壹艘は是迄當所へ付居候分にて二艘は高鉾之面々引來壹艘は八挺代船之由右に付高鉾ゟ來る分之內一艘西泊へ遣す尤水取船兼帶致居候に付御用相濟候はゝ早々引付に相成樣役所へ掛合遣す

一同夕左之兩通河村ゟ貳番々同役中ゟ達來候に付石火矢打ゟも申談
イキリス船帆影見隱候段相達候に付御番所初御臺場々々御筯向引方

之儀御奉行所江伺相成候處勝手次第致引方毎事平常之通可相心得旨
御達相成候條被得其意毎事平常之通可被相心得候以上
七月十一日
肥前守様當表へ御越明十二日御非番所御臺場々々御巡見之筈にて各
事先例之通被相心得袴著用御往來共御臺場々々波戸へ可被罷出候尤
御臺場飾等之儀は御奉行御巡見之節に準し取計可被申候以上
七月十一日
尚々御刻限之義は未相分候條早朝御巡見之心得可有之候已上
○七月十二日早朝ゟ御臺場餝定錄之通爲致候事
一肥前守様御非番所御巡見有之何れも波止出方致候事
一右御歸船後九ッ過西泊渡海權太夫方居木屋へ罷出候處五太夫方立會に
て左之旨被相達候事　御禮は五太夫方ゟ直々可申上段御同人ゟ被相達
此節　御越坐に付御番手中へ鹽小鯛拜領被　仰付候事

一先日御道中ゟ被　仰越候　御意達之御禮は名札を以權太夫方玄關へ指
出
○同十三日御國許ゟ被指越候三左衛門殿又之進殿船に來著其外船路ゟ急
速被指越候內御馬廻組大筒役船二三艘著崎いたす
一左之通河村ゟ達來
御非番所御臺場々々佐嘉御方ゟ明十四日四ッ時御引渡可被成旨申來
候條其心得可有之候右に付別紙御船組爲承知指廻候以上
七月十三日
尙々申入候今程住居に相成居候御臺場付船御仕方相成候條其心得可
有之候以上
御非番所請取當日御船組
延壽丸
一四拾六挺立

付來り通船
一[六]三十石小早
供船
一六挺小早
頭槽
一急用丸　　河村五太夫
御馬廻頭付分
一[七]三拾石小早　　木山彈兵衞
　　三隅藤兵衞
蔭尾付
一八挺小早
中老付用船
一急用丸　西泊詰　吉田市六

白崎

神崎付之分

一八挺小早

水浦付分

一急用船

一張は

一結は

二〆

一足代船

高鉾

威徳丸

一三拾八挺立

魚見詰　杉　傳兵衛

右乗組

久佐彈兵衛

〔石火矢打二人
御加子三人〕

御幕

噤道具

法被二本寄棒

大組頭付分通船
一急用丸

神崎付分
一急用船
貳張は
二結は

神崎詰　安部孫太夫
西泊詰　原田助太夫
早川利太夫
神崎詰　津田茂太夫

右乗組
石火矢打四人
御木屋受取一人
御加子六人
御幕
禁道具

四〆　　　　　　　　法被四本寄棒
一艜船
　長刀岩
浮葉丸
一四拾弐挺立
御馬廻頭付分通船
一急用丸　　　魚見岳詰　　伴　次郎左衛門
　　　　　　　太田尾詰　　東郷嘉左衛門
　　　　　　　魚見岳詰　　櫻井伊平
　　　　　　　太田尾詰　　東郷平之丞
水浦付分
一急用船　　　　　　　　　石火矢打四人
　　　　　右乗組　　　　　御木屋請取一人

貳張は
二結は
四〆
一艜船
陰尾
龜丸
一三拾八挺立
御船手奉行通船
一急用丸

御かこ六人
御幕
幣道具
法被四本寄棒

女神詰
飯永貞助
轟德太夫
飯永市兵衛

太田尾付分
一急用船

右乗組

石火矢打四人
御木屋請取一人
御かこ三人
御幕
噤道具
法被四本寄棒

貳張は
二結は
四〆
一艜船
〆

一左之通河村ゟ同役中江達來
明日御非番所御受取に付御臺場々々付船之內御仕方に相成候條爲心
得申入候以上

一唐船壹艘入津いたし候事

○七月十四日四ッ半比御非番所請取相濟候事
一彈兵衞白崎乘出候儘直に當番相勤候事
一此節陸路ゟ被指越候御馬廻之面々左之書付持參にゐ罷越候に付引廻拜見爲致候事
左之面々御當番所御臺場々々拜見之儀申出候に付申合候上承置候條拜見之義御執計可有之候以上
七月十四日
大野十郎太夫
御當番所同役中に當
田中仁左衞門
山中甚六
田尻孫一郎
根本忠作
岡澤傳左衞門

堤 權七郎
母里六之進
伊藤八太夫
湯淺市作
何れも居木屋にて暫時休

○同十五日白崎ゟ致出番與彈兵衛致交代御番人は左之面々定番にて一番
々ゟ相詰候由尤佐嘉へ引渡之間は戸町へ罷越居候由に候事

白垣勘吉
三宅儀五郎

一夕西川勘兵衛ゟ陸路之同役へ明朝出立之筈に候得共御指支に依て十八
日出立に相成候旨掛合來尤御馬廻組は明日出立之由をも申來由

○七月十六日白崎ゟ與喜太夫致交代引取候事

一七ッ半過ゟ海上急速に被指越候御人數神島ゟ追々著人數別記あり

一陸路御馬廻組大筒役今朝地方致出立候事
○同十七日喜太夫白崎ゟ引取安部孫太夫近來疝邪手强昨日ゟ引入當時出勤無覺束に付白崎出番相省き惣中ゟ助合呉候樣同人相宿ゟ相願何れも承知いたし番操いたし候事
一御意達鹽小鯛拜領之爲御禮喜太夫袴著用西泊渡海予も同船す
一晝後彈兵衞吉助三人同船にゐ神崎へ乘出昨日著崎之面々見廻候事
一陸路之同役明日出立に付今夕にかけ地方御茶屋へ參居候樣聞役毛屋主水ゟ申談候趣勘兵衞ゟ掛合來荷物は神崎付艜にゐ取廻り候ゐ今日御茶屋ニ廻し候事
一三左衞門殿今朝地方出立之由御同人又之進殿小川主計殿船々今日出船す
一當所へ參居候陸路同役五人七ッ半過致出立地方へ渡海す
一夕津田武右衞門同道にゐ津田久一郎太田啓次郎來初に付御臺場拜見す

○同十八日未明急速にゐ參居候御船々出船いたし候事
○同十九日權太夫殿沖廻り
付廻り　各務與一郎
木山彈兵衞
○七月廿日吉田市六ゟ左之通懸合遣候事
御國許ゟ御備替鉛玉參居候に付明々夫々配當可仕候に付御渡海可被成候已上
○同廿一日彈兵衞喜太夫西泊渡海右玉請取岡役ゟ持參今日は莚包之儘御石藏へ入置神崎分玉高左之通に候事
一四番壹貫五百目玉　十七
一十番六百目玉　十一
一廿八番壹貫目玉　廿七
一卅七番五百目玉　十九

但大筒貳百目玉十五は未廻り不來候由

一在來新增共御筒車助け先頃白帆之節はつれ居候分今日御筒本の如く引戻車助も致置候事

○同廿二日御臺場内損所其外御道具等改候事

○同廿四日市六助太夫職役兩人岡役をも連來御備替之鉛玉左之分入替錆出之分は當時御石藏江預置候事

一四番壹貫目鉛玉四拾之内　寛政納十四　文化納十三

一十番六百目同　四拾之内　文化納十一

一廿八番壹貫目鉛玉四拾之内　寛政納十四　文化納十三

一卅七番五百目同　四拾之内　寛政納十三　文化納十六

○同廿五日權左衛門沖廻り　付廻　原　茂　助

一左之通河村ゟ御番非同役中へ達來

明廿六日於田上合戰場高木定四郎砲術稽古打いたし候段御奉行所ゟ

御達有之候尤雨天之節は日送之筈に候條爲心得相達候以上
一鐵番ゟ御旗之損見繕に來數廿二之内十八小損御繕に掛る分殘四つは無恙
○七月廿七日御藥干用澁紙手入之反古糊羽毛澁等渡り居候に付石火矢打頭取請取に參候樣申談呉候樣市六ゟ掛合候間今日取に遣請取來
但當所にゐ手入致候方都合可然評議にゐ御臺場々々ゟ石火矢打一人宛渡海明日天氣次第繕可致に付石火矢打頭へ廻狀遣候樣申談置候事
○同廿八日繻船明後日艀船之儀申出候に付水取都合無指支樣申談候處傳馬にゐ水送り越可申旨に付承置候事
一御藥干用澁紙爲手入御臺場々々ゟ石火矢打一人宛來九枚相濟
一飯永貞助來同人今日西泊致渡海候處市六ゟ申談候先日イキリス船渡來之節風雨にゐ相損候御旗竿ケ所々々等集二十本計有之候に付右代り之分御國元江申越に相成候に付其内自然白帆注進相達候節は新古御臺場

は四本宛立増臺場は一二本充にゐも可然有合之處にゐ相仕舞候樣五太夫方ゟ被申談候に付右之趣當所ゟは貞助ゟ申談候樣魚見岳ゟは當所ゟ申遣候樣との義申談候事

右に付今日魚見岳石火矢打來居候に付申合遣候事

一御作事ゟ御筒覆取立に來候事繕も有之候事

○同晦日御籏竿共損分五太夫方見分有之候に付今日持出候樣との事に付石火矢打に爲持致渡海候に付右之書付添箱共に遣候事

覺

一布御籏　廿二流之内十八流

一御籏竿　五本

右損分　神崎

〆七月

○八月二日高御道具鍵折損之分今日石火矢打頭取西泊ゟ致渡海候に付左之書付添市六手許迄爲持遣候事

覺

一御道具倉鍵　折損

右急々御仕替に相成度候已上

八月　神崎役號

○同三日彈兵衞白崎出番

○同四日白崎ゟ出番與彈兵衞致交代同所御番人先日之通に候事

○同五日白崎番與喜太夫致交代引取候事

一風雨烈敷御石藏脇之石垣崩落天水瓶損候事

○同七日稻佐辨天今日祭禮に付例之通船留札留之義大頭ゟ達來

一石火矢打頭取西泊致渡海候に付左之書付認市六手元迄遣置候事

覺

一御石藏脇石垣崩落
一同所天水瓶碎損
一御石藏土戸落
一在來小番所漏

八月　神崎詰
　石火矢役

○同八日先日入替に相成候玉箱封印市六助太夫の名元に分今日仕舞置候
事
一來る十日御飛脚立之義市六ゟ爲知遣候事
○同九日五太夫方御當非廻り方有

付廻り
　聞次足輕兩人
西泊詰同役兩人
右之外役所小頭棟梁外に

山路九右衛門

○八月十一日西泊渡海夫ゟ市六助太夫傳兵衛兵太夫藤藏茂太夫同道水浦邊遊歩

○同十二日御石藏脇石垣繕として職役來

○同十三日イキリス船來津之節諸家出張之圖認

○同十五日大野十郎太夫方沖廻り

付廻り　八木靭負

一市六助太夫ゟ廻狀來明後十七日御藥干方之義に付急に衆評致度儀有之候條朝飯後ゟ西泊ㇸ當番之外は何卒出浮呉候樣との趣也

○同十七日善太夫彈兵衛西泊渡海御臺場々々ゟも渡海御藥干方之義に付致申合比日左之書寫之通聞役ゟ番頭衆ㇸ申越候に付自然之儀可有之も難計例之通不殘干方は手込之儀に付濕氣見ㇸ候分計少々宛干方可然尤其御臺場限りに相仕舞可申致評決大頭ㇸも右之段申出候事

對州聞役ゟ御奉行御目付へ屆に相成候寫
朝鮮國全羅道之內濟州と申所之島へ異國船一艘渡來之樣子風聞有之候に付彼國へ指置候對馬守役人ゟ譯官共へ尋問仕候處未碇と爲致京便は無之候得共右島ニ異國船一艘乘込候と相聞先是と怪敷取沙汰は無之段申出候に付猶彼國之動靜取糺注進申越候はゝ早速御案內可申上候得共此段御屆申上候樣申付越候
巳八月十三日
〆
一左之通河村ゟ御臺場同役中ニ達來
明十八日十九日深堀於野牛島石火矢稽古打致候段御奉行所ゟ御達有之候尤雨天之節は日送之筈に候此段爲心得相達候已上
○八月十八日五太夫方ゟ左之通達來
御當非御臺場〻〻御園に相成居候御藥明十九日ゟ干方に相成候條右

干方中各事御用之外他出無之樣可被申合候且御石火矢打ニも同樣他
出不致樣可被申聞候已上

○同十九日市六助太夫來今日長刀岩爲御藥干方渡海之筈に候得共依天氣
合相止候尤干方諸道具は當所ゟ今日中に送り遣呉候樣相賴候に付目錄
之通請取無程同所へ爲持遣候事

御藥干方道具左之通

一斤量　壹ツ
一風袋箱　壹ツ
一千木　壹ツ
一桐油箱　拾枚
一鐵の振ひ　三ツ
一玉藥箱　三ツ
一澁紙　九枚

〆七口

○同廿日長刀岩御藥干有之候事

一五太夫方ゟ左之通達來

別紙之通御奉行所ゟ被仰達候に付可被得其意候已上

尾張大納言殿去月廿一日逝去に付　公方樣右大將樣定式半減之御忌服被爲受候尤普請は三日鳴物は七日停止之段從江府被仰下候依之右日數之通普請は今十九日ゟ明後廿一日迄鳴物は來る廿五日迄令停止候

右之趣爲心得相達候已上

巳八月十九日

○八月廿二日

野村勘右衛門去る三日鐵砲大頭被　仰付候此段爲御承知申入候以上

○同廿三日御石藏脇石垣今日成就候段相屆候に付致見分候事

○同廿四日白崎ゟ致出番與彈兵衞交代いたし候事
○同廿五日同所にて安部孫太夫と致交代御木屋へ引取候事
一河村ゟ左之通申來
來廿六日御奉行御目付兩御番所御巡見有之御臺場々々は御見流之筈に候各事袴著用にて通船之節請持之御臺場波戸先ゟ可被罷出候尤御鎊向等は例之通可被相心得候且御出宅刻限は未相分候得共五ッ時之心得可有之候已上
一河村ゟ相宿三人ゟ左之通申來候に付八挺無程地方ゟ廻る
其御臺場付左之御船明廿六日御仕方に相成候條爲御承知申入候由（マヽ）
七の八挺小早
○同廿六日早朝ゟ御鎊例之通爲致候事
一四ッ比兩御番所御巡見餘は御見流當所鼻迄御船來三人共袴著用鑓爲持波戸出方いたし候事

○同廿七日イキリス船來津守衞の晝彩色迄相濟候事
一五太夫方ゟ左之面々ゟ相達儀有之候條明廿八日四ッ時居木屋へ罷出候樣掛合來

野間源市
安川平太夫
根中藤藏
飯永貞助
末田喜太夫

○八月廿八日喜太夫西泊渡五人相揃候上一同左之通被相達候事
當御番一と建御減番後石火矢役九人詰に被　仰付候依之各事加番之内ゟ本番に直り可相勤旨今便御下知申來候其心得可有之候委細は追々可申談此段相達候事
○同廿九日市六助太夫來當所御藥干方いたし箱數都合三拾四箱何もさら

付居候に付箱の蓋取候儘致干方候事
○九月朔日彈兵衞魚見岳へ寄合に付行同所今日御樂干も有之候事
一河村ゟ兼而賴之海寇略圖寫掛る
○同二日彈兵衞同船に而戸町ニ渡海兩番頭に而暫時噺而歸將又浦上善之進ゟ兼々賴居候イキリス來津守衞之畫圖出來分をも同人ニ持參す
○同三日喜太夫同船に而太田尾渡海御臺場々々ゟも來火通一件申合也
○同四日貞助利太夫嘉右衞門伊平德太夫來昨日風波に而太田尾へ渡海不致候に付申合之都合間合に來昨日出席限に而申合御國許同役へ返書遣候寫爲見候處何も致承知指急御飛脚立に遣候に付右之手數也
一浦上善之進喜多村喜兵衞御作事所見分に來候事
○九月五日權太夫方沖廻り

付廻り　　　　　　　　各務與一郎

外に同道　伊藤庄左衛門
　　　　　林　伊兵衛
　　　　　上田佐平

○同六日左之通河村ゟ達來
三左衛門殿播磨と改名有之候段御國許ゟ申來候條爲御承知相達候以上

一市六ゟ來る七日八日兩日水浦御藏御藥干方致候條申合致出方候樣且石火矢打ニも出方之義談呉候樣雨天之節は日送り之義も申來

一喜太夫同船に而戸町渡海兩藩（マヽ）頭に而暫時噺而歸

○同七日兼而申出置候ヶ所々々爲繕御作事ゟ來仕調候事

一月成ゟ使來兼而河村ゟ來居候海寇記略兩三日借用有之候由に而持歸

　對馬聞役ゟ御奉行所届書寫

先達而御届申上候朝鮮國全羅道之內濟州と申所之島ニ異國船一艘乘

込候と相聞候に付彼地へ指置候對馬守役人ゟ譯官共へ右之船動靜取糺候處右島之沖合に帆柱八本立候異國船一艘碇を入懸居候處地方へ仕寄候體にも不相見致出帆外相變義無之段申出候此段御屆仕候樣申付越候

巳八月廿五日

此分は對馬聞役ゟ主水ぃ遣候分歟

別紙御屆申上候朝鮮國濟州と申所之島ぃ異國船渡來に付出入之體勢譯官へ委敷相尋候處右島は地方ゟ程遠く相隔候場所にゐ都表譯官共へ番通無之程之義に付和館へ表立屆出不仕相聞申候此段御自分樣御心得迄御含置可被下候以上

巳八月廿五日

○同十日彈兵衞同道にゐ白崎ゟ千本邊遊歩琉球椀土瓶竹等求

一茂太夫來同人今日西泊ぃ致渡海候處一昨日歟御飛脚著大頭狀之内に喜

太夫家賴判之者兼而致入牢居候處於呂島へ流罪被　仰付候由に付喜太夫恐入申出等可有之に付跡聞ゟ之書狀は無之哉段々相調子候得共此節急御飛脚故か何方も書狀不相見自然は跡聞ゟ掛合有之間敷に付茂太夫歸立寄申談吳候樣市六ゟ相賴候由致噂候事

○同十一日西泊ゟ致渡海喜太夫恐入指控候義五太夫方迄申出候處預り置に相成尤御用筋は指支無之段被申談未た跡聞ゟ掛合不致候得共市六ゟ談振に依而今日恐入申出候段加演舌置候事

一右之序五太夫方ゟ此節　御越座之節神崎ゟ御上陸に相成筈に付其心得に而萬事御手當向等才判致候樣被申談候事

○九月十二日喜太夫又西泊渡海左之指出いたし候事

覺

一御矢來廻諸所損

一常住木屋付雪隱大損

九月　　　　　　　　　　　　　　　　　　　　　神崎詰
〆　　　　　　　　　　　　　　　　　　　　　　役　　号
覺
一空俵五俵　縄共　御越坐御手當用
九月　　　　　　　　　　　　　　　　　　神崎詰
　　　　　　　　　　　　　　　　　　　役　　号
一御筒干入用之品々は石火矢打ゟ書付取候而今日指出例之品々故略之
一市六ゟ別紙之都合五太夫方ゟ被相達候に付為心得指廻候様との事にて
廻状來寫左之通
薩州聞役ゟ為知且御奉行所届書寫
例文略之然は薩摩國河邊郡平島ぃ異國船壹艘漂來且琉球國之内那覇
沖幷八重山島へ暎咭唎國之船渡來等之一件に付別紙之通伊澤美作守
様遠山半左衛門様ぃ國元家老共ゟ今日御届仕候に付此段為御知已下

略之

九月四日　與四郎

薩摩國河邊郡之内平島沖ニ當七月十二日異國船一艘相見候に付陸ゟ役々相守居候處異國人四人橋船ゟ渚近漕寄用水拂底之様子致手様候に付其儘本船ニ乗歸未申之方ニ乗行無程帆影見失何そ不審成義無御座段彼地へ指渡置候役々共申越候事

右壹通

當七月九日琉球國之内那覇沖へ異國船一艘渡來卸碇候に付役々差越漂來之次第相尋候處言語文字不相通候得共暎咭唎國之船人數六十人乗組致渡來候段手様等を以相分食料等任望相與候處類船相待候模様にゐ致滯船居候然處同十六日同所沖へ又異國船一艘卸碇候に付同斷相尋候處乗組之唐人ゟ當五月琉球致來著候暎咭唎國之船にゐ出帆後朝鮮國ニ指越夫より日本長崎ニ乗渡又々致來著候段申出是又任望食

料等相與兩艘共石火矢等載付有之候得共兵船之樣子共不相見得候且琉球ニ殘居候佛朗西人幷唐人ゟ右兩艘之乘頭へ致面會度申出強而指留候得共承引無之候に付役々付添爲致面會候處濱邊ニ布屋を張致對談候に付跡以唐人へ何樣之事に而爲有之哉と承候處右暎國船にて大總兵船等之模樣不相知段申聞其餘之事情何れも不相分候左候而暎國船又々來正月比には來著暫滯留天文を見可致出帆段申置同廿日無異義兩艘共戌亥の方ニ致出帆候滯留中取締向嚴重申付置尤佛朗西人幷唐人共平穩罷在未大總兵船は來著無之候段琉球ゟ飛船取仕立申越候事

右壹通

當五月二日琉球國之內八重山島ニ異國船一艘渡來卸碇候に付役々爲指越漂來之次第相尋候處異國人は言語文字不相通候得共唐人一人乘組居暎咭唎國之船にて人數二百人乘組當四月呂宋出帆之段申出石火矢等載

付有之候得共兵船之様子に無之橋船ゟ濱邊江上陸布屋取拵兩三人つゝ罷在山野等致見分候に付上陸不相成國法之趣を以強而相斷候得共不致承知小島之義に候得は無是非夫なり警固番人共付置任望食料等相與候處同九日致出帆候段兼而彼地江指越置候役々共申越右は先達而御屆申上候當五月那覇へ來著之暎國船に相違有之間敷段も此節琉球ゟ飛船取仕立申越候事

右壹通

○九月十三日水浦御園御藥干方有之段市六ゟ爲知越候に付彈兵衞喜太夫石火矢打召連致渡海今日相濟候事

一河村ゟ左之通達來

來る十五日於田上陣場立花左近將監殿家來三百目以下鐵砲致火通候尤雨天之節は日送之筈に候段聞役ゟ申來候條爲心得相達候已上

一艜船梶取來船奉行ゟ本〆船に相成候に付廻り來候様被申に付今日廻り

度段申出尤未た手許掛合は不來候得共承届今日掃除等相仕廻候ゟ參候
樣申付候事
一御作事ゟ所々繕に來候事
一具足箱跡付玉藥箱對鎗等荷仕舞度候事
○九月十五日五太夫方ゟ市六ゝ左之通達來候に付致承知候樣市六ゟ廻狀
來
松本主殿悴宗三郎爲後學召連罷越兩御番所拜見之義於御國許相願御
聞濟相成候段御下知に相成居候然るに御臺場々々をも拜見爲仕度と
主殿ゟ引合有之　御越坐立被指越候小船頭之内一人同道可罷越候條
其心得御同役中ゝは貴殿ゟ可被申談候已上
一河村ゟ來る廿二日限御先荷物品付目錄指出候樣達來
一左之通五太夫方ゟ神崎三人ゝ當申來
其御臺場付艜船御減番後御船奉行住居有之近々乘替候條爲御船仕舞

西泊ニ乗込之義御船奉行ゟ申出有之候條承置候其心得可有之候以上

一左之通五太夫方ゟ御臺場々々同役中ニ達來

各事申達御用之義有之候條明後十六日四ツ時袴著用にゐ權太夫居木屋ニ可被罷出候以上

九月十四日

尙々御臺場當番病氣等にゐ難罷出面々は聞次可被申談候以上

○九月十六日白崎出番與喜太夫致交代引取

一彈兵衞西泊渡海御番手中一同權太夫方居木屋へ罷出左之通被相達

紅毛船出帆之時節に趣候條御番所を初御臺場々々入念相勤御石火矢御大筒手入等無油斷仕候樣拙者共得指圖候樣　御意に候事

一御作事方來御石藏土戸幷常住木屋疵しつくひ等候事

一市六來御作事方をも召連御藥箱三つ棧落分仕整候事

一圓太夫ゟ廻狀女神出番用品々代錢五百廿五文御當番所十八割壹人前五

十二文之由申遣す
○九月十七日五太夫方ゟ左之三通達來
尙以　御巡見當日未明　御乘船之筈に候其心得可有之候以上
殿樣當表爲　御越座去る十五日御國元　御發駕明十八日大村ゟ當所御著翌十九日早朝兩御番所幷御臺場々々左之御順道之通　御巡見之筈に候條各事袴著用にゐ御往來共御臺場々々波止ゟ可被罷出候自然病氣等にゐ難罷出面々は早々可被申出候其段申上事に候
一御石火矢御大筒等手入之義幷掃除等宰判可有之候當日御餝等之義は例御越座之通可被相心得候以上
九月十七日
但太田尾魚見岳詰同役へ申合スヽレ女神に出番致候樣且又喜太夫ゟは波戸出方之義今程指控預り置候條　御著座之上は相調子猶相達にゐ可有之と書込有之候事

御順道左之通

西泊御番所　戸町御番所

神崎在來　神崎三の増

同貳の増　同壹の増

同新規　同御石藏

右御巡見

太田尾　スヽレ

右御船中ゟ御見流

女神　魚見岳　白崎

右御名代

尚以御名代被相越候御臺場は同所御石火矢打頭取幷御道具請持之者ゟ致案内候様可被申談候已上

九月十七日

紅毛船湊下當日女神御臺場ゟ被申談一人宛不明樣出番可有之候以上
一紅毛船湊下來る十九日廿日兩日間湊下可致候條兩日共湊下之節御臺場餝幷心得等其外每事例之通可被相心得候以上
九月十七日
一今壹通は本番之面々先荷指出來る廿二日指出候樣との文面なり
一助太夫岡役連來御石藏ゟ入有之候鐵玉不殘持歸近日御船便ゟ御指返なり
○九月十八日御筒手入掃除等石火矢打ち致候に付致見分候事
一市六助太夫御作事方二八來去春御入替に相成候由鉛玉之分十四箱玉性合致吟味候處左之通に付印付置尙帳面に書取候事
壹貫五百目玉　十六惡 四ツ吉
壹貫目玉　三十七惡
八百目玉　廿七惡

三百目玉　十六惡
　　但増臺場分計也
一五太夫方見分兼沖廻り
　　　　　　　　　　付廻　喜多村嘉兵衛
一明日　御巡見後地方御茶屋ニ致渡海度且又其節は歸而已相届度旨致噂候處五太夫方被聞置候事
○同十九日早朝ゟ定錄之通御餝爲致候事
一殿樣雨天に付兩御番所計御上り餘は御見流女神邊迄御船參る御名代彦兵衞殿も見流計是亦女神邊ゟ引返に相成候事
　但三人共波戸出方服體は兼而市六ニ及相談候處同人も上は張致由に付相宿何れも同樣にて袴著用御禮申上候事
○同廿日定錄之通御臺場餝り爲致候事
一今日湊下之趣中早御飛脚立例之手數なり

一先荷差出左之通認明日指出筈に候事
先荷差出
一四〆は　米箱　一壹からけは　樽三ッ
一一〆は　長箱　一壹〆は　小箱
一壹〆は　莚包
〆五口
九月廿一日　井上権一郎書判
河村五太夫殿
一左之通五太夫方ゟ達來
各事相達御用之義有之候條明廿一日四ッ時袴著用にて権太夫居木屋
ニ可被罷出候以上
九月廿日
尚以當番病氣等にて難罷出面々は聞次可被申談候已上

一九ッ比紅毛船湊下いたし候事
一殿樣阿蘭陀船湊下後　御立被遊候事
一御越座立御船に暮比神島ゟ座直り夕出船いたし候事
○九月廿一日彈兵衞喜太夫西泊渡海御番手一同權太夫居木屋ゟ罷出候處
此節就　御越座御番手中ゟ目錄之通拜領被　仰付候事
鹽小鯛　壹桶
右御禮權太夫方五太夫方御木屋ゟ罷出申上候事
一同日先荷差出致且又左之書付も市六手元迄遣置候事

覺

神崎詰石火矢打頭取
白垣傳平

請持筋入念相宿質素に申合先般イキリス船渡來之節御手當御餝向等
速に相整出張中申合晝夜無油斷相守風雨之節は心懸御旗其外御道具

類損少様仕手廣御臺場之義に付　御巡見前掃除道造等自身にも相働
別而九月立　御巡見は繩船御引上後にて岡役無人に御座候處程能申
合指はまり出精相勤申候

同　石火矢打中

平日申合宜引締イキリス船渡來之節毎事速相整出張中申合晝夜無油
斷相守風雨之節は心掛御道具類相厭　御巡見前掃除道造等何も相働
別而九月立　御巡見前は同役無人に御座候故猶更出精相勤申候
右何も宜被及御沙汰被下度奉存候已上

巳九月　神崎詰

石火矢役

覺

神崎詰

七八丁小早梶取

平日心得方宜船内申合行届受持筋入念聊無指支出精相勤申候　磯邊仁平
船内申合宜手堅繫船仕悶役等精を出し渴水之節は汲廻し聊無指支出精相勤申候　同三艜梶取杉千五
同十六急用船之頭志賀作八
十番同初浦又十
六番同蘆屋浦又七

追々交代仕何も心得方宜出精相勤申候
右何も宜被及御沙汰被下度奉存候已上
巳九月　神崎詰　石火矢役

○九月廿二日昨日之御禮として袴著用權太夫方ゟ罷出候事
一左之通河村ゟ達來
明廿三日播磨殿六半時乘船にて兩御番所初御當番所御臺場々々見分之筈に候條各事袴著用にて御臺場柵内ゟ可被罷出候女神は出番有之居候に付スヽレゟは太田尾ゟ一人可被罷出候順道左之通に候尤案内は石火矢打頭取幷御道具請持之者ゟ戴付著用相勤候樣可被申談候已上

順道左之通
西泊　戸町　女神　魚見岳　神崎　太田尾　すゝれ
水浦御屋敷　大鳥崎
尙以魚見岳神崎常仕木屋にて自然休息候義も可有之候條其心得可有之候以上
一太田尾付四丁小早當日御仕方に相成候條可被得其意候已上

○九月廿三日左之通河村ゟ達來
播磨殿兩御番所初御臺場々々見分候義雨天に候得は延引に相成同送
り見分有之旨申來候其心得可有之候以上
○九月廿四日彈兵衞女神出番
一播磨殿兩御番所御當番御臺場見分　付廻　吉田市六
一明日中早御飛脚立之義市六ゟ爲知來
一佐嘉御示談に相成居候御筒分配所下見分に五太夫方も被參候筈に候へ
共不快に付市六初同役申合下見分致出方候樣との事に付明日太田尾へ
乘出候樣次郎左衞門德太夫市兵衞來申談候事
○同廿五日女神へ出番與彈兵衞致交代候事同所詰方石火矢打左之通
柳坂順右衞門
陶山惣市
上村貞作

一女神致出番居候處御筒分配所爲下見分市六初同役十二三人來
○同廿六日女神番與利太夫致交代引取候事
一昨日左之通河村ゟ達來候由に付今日寫置候事
明廿六日松平肥前守樣御領內深堀於野牛島御同人御領大砲モルチー
ル當地御鐵砲方高木定四郎致試打候旨尤雨天に候はゝ日送候段申來
候條爲心得相達候以上
九月廿五日
〆
一歸り船千手丸手明口合に來先荷船長王丸手明も來
○同廿八日喜太夫同船にて西泊ゟ水浦稻佐戸町行
臼杵水溜桶三の藏に納置稻佐にて醬油味噌求隨分吉 百文也 三十二文
一今日播磨殿水浦見分之由にて大頭聞次足輕頭同役頭取同所に參居候事
一左之通河村ゟ達來

各歸先荷物積方日割左之通御船奉行ゟ申出有之候條被得其意積方可有之以上

九月廿七日

廿八日積

若宮丸　久佐彈兵衛荷物　梶取　上田忠四郎

廿八日積

長平丸　非上權一郎荷物　梶取　宇宮礒七

餘は略之

○九月廿九日朝ゟ紅毛船帆付初候事

一十郎太夫方沖廻り　付廻　梶原七十郎

外に同道　山内助左衞門

有村卯兵衞

○同晦日左之通河村ゟ加番同役中へ達來

御臺場々々配當に相成居候御道具各御同役中ゟ夫々預書差出有之分
御減番後は左之面々へ預り被指出候樣相達候其外御臺場付御道具類
相改被請取候樣申談置候條其旨被相心得御引渡可有之候委細は吉田
市六ぃ申談置候條御承知可有之候已上
九月晦日

安部孫太夫
吉田市六
原田助太夫
野間又六
安川兵太夫
早川利太夫
根中藤藏
飯永貞助

末田喜太夫

〆

今一通本番同役中江當候分左之通

御臺場々々配當相成居候御道具各御同役中ゟ夫々預指出有之分御滅番後御當非御臺場分不殘各受持申談候條夫々相改御受取候而各被申合預り書可被指出候其外御臺付各請持御道具類共相改引渡有之候樣御役中江も相達置候條可被得其意候以上

九月晦日

今壹通本番先荷積方日割申來略之

一石火矢打井上宅四郎を以賴置候白砂糖毛氈求來本興膳町久松の家來今田辰重と申者脇ゟ求遣候由也右辰重は根元御國之御足輕の由

一毛氈　代銀貳拾目〇八ン　店方ゟ五百文餘下直なり

唐人一番

一白砂糖　代銀拾八匁二分二ン　店ゟ六七十安し

一御作事ゟ瓦しつくひ繕に來

○十月朔日先荷からけ荷目錄書狀等認置候事

一白田尾儀にて施我鬼と見小船數艘來燒立候に付石火矢打へ不指立御臺

內見守猥之義無之樣見けれ之義申談候事

一喜太夫へ五太夫方ゟ交代都合に依て太田尾江引越候樣申來

一三番々先荷船ゟ大森吉助書狀幷米入箱送り來最前イキリス船渡來候節

滯留中之算用也

○同二日喜太夫同船西泊渡海喜太夫は本藩之面々申合也拙者は三隅藏兵

衞御木屋にて歸船中の申合いたす杉傳兵衞も出浮候事

一御筒覆取立之義口上にて大頭へ申出置且左之書付も指出置候事

覺

一御石藏入口上塗落

神崎詰

十月　役　號

一河村ゟ左之通達來之事加番中ニ當

九月廿八日

加番引拂御船組別帳壹冊指廻候條被得其意先に無滯被指廻留りゟ可被

指返候已上

巳長崎加番引御船組

虎丸

一三百石積　伊藤庄左衛門　梶取 吉村藤吉

順風丸

一三百石積　大組 山内助左衛門　梶取 山本左平

千年丸

一五拾挺立　同 立花清作

御足輕 三隅藤兵衛

三光丸
一四拾六挺立

寶龜丸

同 梶原七十郎
御石火矢役 久佐彈兵衛
同 杉傳兵衛
御石火矢役 井上幸左衛門
同 井上權一郎
同 桑原彌七郎

御足輕 梶取 吉村林藏
御石火矢役 伴次郎左衛門
同 東郷嘉右衛門
同 櫻井伊平
同 東郷平之丞

一四拾六挺立

梶取　上杉武七
御石火矢役　轟徳太夫
津田茂太夫
飯永市兵衛
大森圓太夫

延壽丸

一四拾六挺立

梶取　梶原時次
大筒役頭取　臼杵佐太夫
大筒役　木立藤次
因源七
林榮次郎
山崎平太夫
梅野園之丞

自在丸

一 貳百石積

扣風丸

一 百五拾石積

〆

一 八挺小早　三艘

一 急用丸　八艘

一 百三拾石 御足輕　一艘

一 百貳拾石 御足輕　壹艘

大筒役 梶取 吉村茂作

槇千之丞

堀仙右衛門

同 梶取 浦田大八

坂口扣三郎

淺香了藏

一 六挺小早　壹艘

一 貳百石 壹艘は播磨殿荷物 二艘は御足輕　三艘

一 百四十石 御足輕　壹艘

一 艜船　二艘

一足代船　四艘

〆御船數三十二艘梶取名元等略不記

一本番之面々申合之上御道具類指出是迄之分仕替御當番等分は同所詰本番六人ゟ連名御非番所は同所詰三人連名にて大頭ニ當指出に相成

但御籏其外損仕替中之分は現數書整指出委細は三番々ニ申送り候筈に相決候事

一晝比阿蘭陀船牛積八ッ比乗切候節石火矢七放打又カヒタン歸之節五放致放出候事

一夕石火矢打頭取八挺梶取招酒肴索麵等出候事

〇十月三日朝五ッ時比阿蘭陀船致出帆硫黄廻り計石火矢致放出

一海寇記略寫相濟綴立候事

一彈兵衞地方見物致渡海求物等相願候事

一本番歸船中船組達來同役々分計書抜左之通

一五拾六挺立　御足輕頭六人
吉田市六
御醫師一人

一四十六挺　野間又六　飯永貞助
安川兵太夫　末田善太夫
根中藤藏

一三十八挺立　安部孫太夫
早川利太夫

一左之通河村ゟ達來
紅毛船致出帆候に付御臺場々々御幕張被取除夜中御挑灯も燈方に不及平常之通可被相心得候此段相達候已上
十月三日
尚々本文之趣に付女神白崎兩所共不及出方候其心得可有候以上

○同四日昨夜半風雨烈敷居木屋雨戸障子等吹放其外損有之候に付明日中出筈にゐ左之通認置候事

覺

一常住木屋雨戸諸所御手入に相成度候
一同窓戸袋御手入
一障子一枚大破御仕替に相成度候

十月　　神崎詰

役　號

一御道具左之通御石藏へ入置候事
一御旗　横手共　貳箱
一置札火蓋留革
一半鐘　壹箱
一太皷　壹箱

一苧采配　　　　　　　貳柄
一御道具藏鍵二ッ并ニ石火矢打頭取ニ相渡置候事
一千手丸ゟ荒荷物取に來十一口渡跡は乘船之節取に來候樣申談
一記錄類冊數取調子書送仕整記錄入記帳にも書載三番々太田尾詰面々ニ
當名致尤是迄は西泊詰平同役ニ當候得共右之通此節一と立御番之都合
に依申合候事
一御筒覆取建幷御石藏上塗仕整ニ御作事方來相仕舞候事
○十月五日左之通河村ゟ達來
紅毛船帆影見隱候段御奉行所ゟ爲知有之候に付今日播磨殿御奉行所
ニ被罷出加番之面々引拂可申旨被相伺候處勝手次第引拂候樣被　仰
聞候段播磨殿ゟ申來候條各事勝手次第乘船可有之候以上
十月五日
尙以指立狀可相渡候條拙者居木屋ニ被罷出御受取可有之候夫是可及

晩景候條明朝乗船可有之候以上

一九ツ半比三番々衆神崎著船無程座直り致候條彈兵衛喜太夫三人共同船ニ而大頭野村勘右衛門方乗船御目付時枝市太夫乗り船其外同役船々ニ行夫ゟ太田尾西泊ニ致渡海三番々同役名元左之通

御番所詰
西川勘兵衛
本間源之進

高鉾詰
藤井利左衛門
梶原八兵衛

太田尾詰
藤林源三郎
大西諸平
大森直助
津田久一郎
太田啓次郎

一夕明六日本番内交代之義河村ゟ本番之面々江達來
〇十月六日御石藏封印付毎事石火矢打頭取江申談置候事
一荷物等目録へ引合せ石火矢打江爲賴置手廻道具計爲積候而八挺に而三人一同乘出喜太夫は太田尾へ揚彈兵衛拙者は千手丸江致乘船無程西泊へ揚番頭衆初木屋々々廻勤夫ゟ天滿宮へ參詣直に千手丸へ乘込候事
一同役共追々乘合相揃候上大頭へ届いたす番頭取未た地方江引取無之故手紙届也差立狀は乘合名口御足輕頭請取候事
一本番衆も追々乘船也七ッ比加番船は類船へ聲掛合西泊出船致し神島江座直いたし候事
一本番衆御船々は暮比西泊出船入夜神島へ來候事
一十《マヽ》月六日夕四ッ半過本番船加番船共神島出船和氣に而押船也
〇同七日押船に而五ッ時比板浦著無程出船七半比牛ヶ首著

同夕五ッ比同所出船四ッ半比九艘泊著
○同八日六ッ比楠泊出船九島内通船風向ひ候に付平戸領大屋へ九ッ半比著す類船外に壹艘來四十六丁六挺小早急用丸計なり大屋浦へ揚遊歩す
○同九日六ッ半比大屋出船押船九ッ時比難所崎ニ潮掛り無程出船九半時平戸著暮比田介へ直候本番加番共追々田介ニ來著
同夕九ッ半比本番船田介出船風向候に付加番船は不漕出候事
○同十日風少西に廻候に付田介にて帆柱立朝六半比出船呼子沖迄は折々櫓を交夫ゟ追手にて暮一杯に志賀へ來入夜波戸場著船
一何れも波戸著之上髮月代等致し夕四ッ半比揚る彈兵衛同道同方ニ立寄彼是にて九ッ比歸宅實家弟周藏其外大賀權次郎波止迄來候に付同道にて歸尤荷物は明日揚呉候樣梶取手明へ申談置
一歸著屆は連名にて認彈兵衛へ賴置候事
一本番船は晝七ッ時比波止場著之由に候事

○同十一日荷物等揚來無別條請取候事
御殿出方本番一同御月番彦兵衛殿面謁相濟候事
一歸著指出は例之通加番同役連名にて大頭へ指出候事
一歸實家へ立寄候事
○同十五日本番之面々御目見有之候事
○十月廿日に　明後廿二日　御目見被　仰付に付罷出候樣御切紙來
○同日暮比妻俄產之催六ツ比男子出生前後無別條
○同廿一日伊丹九郎左衛門大頭月番に付血氣引入之屆且引入中聞次櫻井
伊平ゟ申談置候段をも相屆候事
一伊平へも爲知且聞次之義も賴遣す且又明日御目見に付同人も罷出候に
付組合中一手中にも廻狀賴遣す其外頭衆取合之義をも賴遣候事
○同廿七日伊丹ゟ出勤屆致候事近所廻勤
鳥飼宮致參詣候事夫ゟ八百屋助六ゟ留守中日用其外出銀之儀賴置候

に付爲挨拶土産持參す

〇十一月朔日小兒へ名經吉候事
一今日津田治太夫宅にゐ急打寄之義櫻井伊平ゟ致通達候に付晝後行候所
御火通一件に付兼ゐ同役中ゟ指出置候横折に御付札にゐ下り候由今日
栗原大八阿部半九郎津田治太夫三人呼出にゐ右之横折大頭より被相渡
候由且又御火通御用掛其外玉込打方名元頭取ゟ取出候ゐ存寄無之哉明
日返答致呉候樣と之事にゐ右之申合もいたし候處何も存寄無之候得共
少々加演說置度處有之候に付右之趣明日早川利太夫ゟ吉田市六迄返答
之筈に申合且又長崎詰方同役ゟ之掛合は拙者請持歸候事但三日長崎ゟ
御飛脚立之節掛合候事
横折ゟ御付紙之寫左之通

鐵砲大頭ゟ

書面之趣は無餘義趣にも相聞候得とも師家之面々は不殘先例之通玉込御筒致打方相殘玉込之分を門弟家業之面々丁日（尾形至曰丁日とは後濱に於て鐵砲定日あり某日は吉田某日は原田と夫々師家修業之定日を丁日と呼なせり）持たり共無差別星順に而致打方候樣頭取初石火矢役中に可被申聞候右之趣御家老中にも申達置候已上

十月

○十一月五日大頭役所出方加番早船乘御足輕頭同役大筒役申合四艘共々申合乘前入念荷物取扱方等丁寧致何も心得方宜相見候に付手筋ゟ賞詞有之候はゝ已後之勵にも可相成段連名に而申出候事

○同十日御火通御用掛り被　仰付有之火通之記に記爰に略す

弘化三年丙午正月二日乗船にゐ長崎御火通御用に出立二月十三日帰著
其後六月長崎ゐフランス船渡來に付同九日急速陸路出立同十七日帰著
右両様共別記有之候事
○八月十六日左之御切紙到來
貴殿事御用之義有之候條明後十八日四ツ時御館ゐ可被罷出旨御月番
又之進殿被仰聞候其心得可被罷出候以上
八月十六日
○同十八日御館出方去年貳番々連中追々相揃御用初揃者共八人一同御用
にゐ又之進殿ゟ左之旨被仰渡候事
去年長崎在番中イキリス船渡來之節御手當向速に相整夜白相守請持
筋入念間には御非番所へ致出張候向も有之毎事無御間缺様格別出精
相勤候段達　御聽依之目録之通被下候事
其外今日御用之面々左之通承り候分計記之

引入
御反物
同
御時服
同
金子五百疋充
同七百疋

金五百疋宛

御非番所詰

月成権太夫
蒔田権左衛門
大野十郎太夫
河村五太夫
毛屋主水
御足軽頭八人
吉田市六
伴次郎左衛門
飯永貞助
轟徳太夫
東郷嘉右衛門
櫻井伊平
津田茂太夫

東郷平之丞
亡父孫太夫に
金五百疋
安部孫七
同彈兵衛へ
金三百疋
久佐久
金貳百疋
大筒役
御當所詰
原田助太夫
野間又六
杉傳兵衛
井上幸右衛門
井上權一郎
大森圓太夫
桑原彌七郎
金三百疋宛

末田喜太夫
安川兵太夫
早川利太夫
根中藤藏

引入

右之外は不分候間不記候事

右御禮廻りは御家老中大頭中且詰合番頭衆へも行

イキリス船就渡來御非番所詰同役ヘ達に相成候書付類左に寫

○七月四日市六ゟ別紙五太夫方被相達候間爲心得指廻候段申遣

御番頭中ヘ

聞役

以手紙啓上仕候合圖打仕候に付卽刻御奉行所相伺候處佐嘉御方ゟ昨夜遲く彌白帆船々見極候段御屆有之野母遠見ゟも注進有之例之阿蘭陀船も入津跡船無之旨申出居候に付何れ相替船に可有之依之沖御番

所向彌御嚴重に有之度樣子に寄佐嘉御人數被差越御非番所御引渡に相成候樣御達も可有之哉御國ゟ增御人數之義唯今御指圖は不被成候得共兼而御規則も可有之候に付被指越候共御奉行衆御存念は無之旨用人を以被相達候右之趣卽刻走飛脚を以及言上儀に御座候御手前大早飛脚をも差立申候此段可得貴意如此御座候已上

〆

○一左之通五太夫方ゟ被相達候事

此節白帆注進に付自然樣子に仍而御非番所御渡之都合にも可相成候に付右之內含にて其節に至御便利宜樣可被申合候此段申入候以上

七月五日

同五日五太夫方ゟ長刀岩詰同役ゟ左之通り達來

十郎太夫儀其御臺場ゟ今日ゟ致出張候就而は假木屋取建申付置候彼是爲御承知申入候已上

尙以十郎太夫〻は各居木屋〻住居に相成候條其心得可有之候
一山崎久右衞門弟致渡海五間に貳間之假木屋を常住木屋向〻取建
一十郎太夫長刀岩へ渡海に相成候得共假木屋未た成就不致候に付片木屋
〻同役住居候義申入無指支由に付四人一所に相住居候事
一假木屋成就之上足輕頭八木籾負梶原七十郎手付共住居致候
一市六ゟ左之廻狀遣候事
此節著岸之イキリス船ゟ願出候地利測量は御免不被成薪水は御渡被
成候趣に御座候右御渡有之候得は速に出帆可仕由然るに五太夫方被
申談候は根元御制禁國之義に付出帆之折柄彼船ゟ不法之働いたし石
火矢等打掛申間敷者にゐも無之其節は答之矢不返しては不相濟由被
申聞候殊に蔭尾長刀岩高鉾之三ヶ所は專覺悟肝要之場所に付唯今兼
ゐ御手當之白帆用之分一枚込方致し居可申由噂有之候に付其義は御
手當迄にゐ實に込方仕居不申段申述候處何れに見込も可有之候得共

何卒急場之變に應し候樣有之度趣被申候右に付畢竟一放にゐは相濟不申候條御玉も鐵玉は指置鉛玉を御手當可然由　公義御玉は御兩家御封印分けにも相成居候得共此節之義に付封印切解候處支無之由をも五太夫方被申聞候尤御藥は御足藥歟增臺場之分を御手當に仕候積に御座候各樣へも御同樣有之度御掛合申候樣被申談如此御坐候以上

七月五日

尙以申迄も無之候得とも佐嘉封印御切解被成候はゝ五太夫方〻御差出可被成方可然候此段申述候以上

○一左之通聞役ゟ掛合候趣五太夫方ゟ十郞太夫方掛合へ相成候由にゐ同方ゟ被申談候事

毛屋主水

月成權太夫樣

五太夫殿ゟ御別紙之趣御問合之御趣意を以唯今御奉行所へ罷出用人

出會問合候處尤之義に付美作守殿へ相達候はゝ御挨拶可有之候旨相達候上相答候は端船にゐ異人共御臺場近邊乘寄候はゝ相成丈仕形等を以被相制致上陸候共同樣相成丈穩に御制有之度夫共押ゐ致上陸候は其場所にゐ遠卷にいたし其旨早々御奉行所ゟ被達候はゝ猶又通事其外兼ゐ手當之役々早速被指出相諭させ可申尤異人共其內法外亂妨に及候歟或は劔抔拔候はゝ其節は　此方樣御規則通御取計被成應變之御計可有之候樣と之義に御座候

一昨日佐嘉領中島と歟申所へ瀨岩有之頻に右之岩に寄候に付和に制候由其節檢使船へ右樣之事有之候に付召捕可申哉と佐嘉ゟ問合候得は檢使指圖難出來其旨御奉行所ゟ申出候由に付其後尙又通詞其外役方を以諭有之候處一體彼國不締之人品と相聞其上言語不相通故歟下賤之者共迄一々制度行屆兼居候趣にゐ漸々相施候處今程は末々迄制度行屆候模樣に相見端舟等にゐ乘廻をも相止候由右之通に付今日に至

候ゟは右樣之義も有之間敷と被存候得共御問合之趣一體は御尤之義
に被相心得候由に御座候
一唯今御番頭中樣ゟ別紙を以彼船近々歸帆可被仰渡旨御奉行所之模樣
問合候一件御掛合仕候に付則御承知可被成候
右之通近々出帆可仕と御請も申上居候由に付相成丈穩に御制有之度
との趣意に御座候佐嘉ゟも昨日聞役へ同樣之趣意被相達候由に御座
候爲御承知如此御座候已上
七月六日
一同夕月成ゟ御番頭三人ゟ使來佐嘉之御人數相揃候に付御非番所明日請
取申度旨申越候由にゟ於西泊御番頭寄合候義申來
〇同七日番頭衆御番所へ引取に相成候事
一御非番所御引渡に相成候得は立會は兼ゟ御達通詰方石火矢役兩人也尤
名札等は大頭役所にゟ認候事

一御臺場諸道具幷自分道具漕運は艜幷地方傳道船三艘に而積送候事
一立會之面々何も出張裝束之事
一留杭御幕串御長柄臺御旗臺自分武器臺桃灯竿少々は置付其趣は立會之節演說外に水溜桶臼杵は石火矢打より木屋請取へ演說
一立會同役兩人は八挺小早に而鑓船印指物建之事
一石火矢打は急用船へ乘組候事
一立會は佐嘉石火矢役其外名許左之通

長刀岩　高柳忠吉郎
　　　　嶺熊之助

高鉾　江口壽平
　　　增田祐藏

蔭尾　嘉村孫太夫
　　　小城源七郎

白崎

中野神右衛門
澁谷忠兵衛
生野次郎兵衛
神代甚平
中溝儀左衛門

右之外小役

○七月十四日御非番所請取之節は最前引渡之節立會候面々也然るに佐嘉ゟ左之名許之通名付遣候に付西川勘兵衛相加り長刀岩にて立會候事

石火矢役頭
原次郎兵衛

石火矢役
堤文左衛門

長刀岩

同

白崎

─石田兵藏
番頭
─中野神右衛門
石火矢役頭
澁谷忠兵衛
鐵砲頭
生野次郎兵衛
石火矢役
古賀權平
同
─田口庄左衛門
─澁谷忠兵衛
鐵砲頭

蔭尾

關　市郎右衛門
古賀　權平
田口庄左衛門

高鉾

鐵砲頭
原　次郎兵衛
納留又次郎
堤　文左衛門
石田　兵藏

一イキリス船へ被下物左之通
一牛　此所に豕二十疋被下　六疋　付紙 御許容無之
一薪　五千斤
一梨子西瓜等

一黄瓜　四十
一家鴨　四十羽
一蒔繪文庫　四（付紙御許容無之）
一水　三百荷
一鷄　四十羽
一南瓜　二十
一玉子　三百
一團扇（但三色取交）　十五本（此分五十本被下）
一杉丸太（但長四丈廻一尺二寸）　四本
一野菜類　五十斤
右諸色代銀爲御知可被下候已上
巳七月
右之通願出候得共付紙之分は不被下候事

弘化四年丁未七月下旬於長崎長戸岩御臺場清書

井上信元

嘉永六年癸丑

魯西亞船渡來增人數被差越記

井上權一郎聞書

嘉永六年癸丑長崎貳番々日記

○六月朔日大頭立花彌三太夫方ゟ明後三日相達儀有之候條四ッ時役所江罷出候樣達來候に付同日罷出候處壹番々當り前之面々相揃候上當長崎一番番被差越候に付內用意仕候樣御月番隼人殿被　仰聞候に付其心得仕候樣被申談候事

○同十九日彌三太夫方ゟ同役頭取江被申談候は貳番々被差越候面々旅用金拜借之儀地方馬廻組を云ふ七兩切扶三兩宛御貸渡に相成候然るに壹番々は百石拾五兩之割にて拜借致出來候間取留有之向江は此節も增拜借被

仰付候樣大頭ゟ伺に相成候處役成初ゟ等之旅行にゟ格別無據向ニは其次第委細申出候はゝ可被加御詮議且又右之通無據員數增之儀相願候節は大頭ゟも添橫折指出に相成候樣との趣御本〆ゟ御指圖に相成候由に候事

一右に付左之橫折差出候事

口上覺

私儀當長崎貳番々被差越候に付內用意仕候樣被　仰付奉畏候然處連々勝手向不如意仕候末之儀にゟ旅用金及不足銀主之者ニ相談仕候得共唯今之折柄何分調達不致甚以難澁仕申候就右近頃奉恐入候得共金子三兩拜借被　仰付候樣奉願候左候はゝ御蔭を以相仕廻難有仕合奉存候此段宜御執成奉願候已上

六月　名

大頭三人ニ當

○六月廿日彌三太夫方ゟ各事於長崎詰分其外申談儀有之候條明後廿二日
四ッ時役所ぃ罷出候樣達來
○同廿二日大頭役所へ出方同役掛之上彌三太夫方ゟ詰分請持割左之通被
申談候事

高鉾新
〔吉田市六

西泊
神崎三ノ増在來共
〔野間五右衛門

神崎新
〔原田直右衛門

神崎
神崎一ノ増
同所二ノ増
轟德太夫

高鉾

高鉾在來　本間源之進
同所一ノ增　伴　次郎左衛門
同所二ノ增　藤田文右衛門
　小川佐平
蔭尾新　野間又六
同所在來　大森圓太夫
長刀岩四ノ增　野間源次郎

太田尾

魚見岳

魚見岳一ノ増
スヽレ
杉　權右衛門
安部孫七
魚見岳二ノ増
津田久一郎
太田尾
東郷孫一郎
白崎
井上權一郎
女神新古
飯永庄兵衛
魚見岳三ノ増

長刀岩一ノ増　飯永庄三郎
同所二ノ増　長田半左衛門
同所在來　高木仁太夫
同所三ノ増　佐藤外衛
　福島文四郎

長刀岩

一左之通彌三太夫方ゟ達有之事
各事長崎貳番々内用意被　仰付置候通彌被指越候旨今日御月番隼人
殿被　仰聞候尤七月廿三日乘船之筈に候其心得可有之候以上
六月廿二日

尚以左之面々今日御呼出にゐ長崎二番々御石火矢役代りとして被差
越候旨御月番隼人殿被　仰聞候爲心得申入候以上
一彌三太夫方ゟ長崎二番々御番手名付御用所へ指出置候間米銀證據勝手
次第仕出候樣且又先荷物品付目錄來る廿六日限彌三太夫方手許ゐ指出
候樣達來
一右に付今日左之通先荷致差出候事
先荷差出
一八ッは　米箱
一八俵は　石炭
一三ッは　漬物桶
一貳からけは　筵包類
一壹ッは　油樽
年　月　名

立花彌三太夫殿

○六月廿三日諸證據幷請帳共認清水善藏ゟ頼置候事
○同廿四日未明愛宕參詣いたし候事
○同廿六日對槍等からけ小簞笥片付米箱提燈籠致手入
○同廿八日立花彌三太夫方ゟ掛合來兼而相頼置候旅用金拜借之儀御本〆杉山文左衛門殿御聞置に相成候旨横折御付書之儘掛合に封込來尤右爲御禮文左衛門殿御宅ゟ罷出候樣との事に付翌日御禮に來候事
一同夕德永貞七來二男幸次郎此節長崎爲後學召連呉候樣頼來候に付致承知置候事
○同晦日　大頭役所ゟ出方左之横折指出候處卽日御聞濟之儀達來候事

口上覺

私儀當長崎貳番詰方被指越候旨被
仰付奉畏候就右悴保儀爲後學召連罷越私共請持筋每事爲見習置申度

奉存候此段宜御執成奉頼候已上
六月
大頭三人に當
一拝借金御聞濟に相成候に付左之通致差出候事
差出
拙者儀長崎貳番に加番爲詰方被指越候處旅用金及不足候に付金子三兩拝借之儀相願候處丑六月廿八日御本〆杉山文左衛門殿御聞濟に相成候事
年　月　名
立花彌三太夫殿
一夕清水善藏濟證據持參いたし候事
○七月朔日忰御扶持方證據請帳共認又々清水善藏ゟ頼

一長崎江御飛脚立に付西泊兩人魚見岳三人江書狀遣

一大頭役所へ出方悴後學に召連度賴御月番隼人殿御聞濟に相成候指出三彌太夫方へ指出候事

一左之御書寫大頭ゟ頭取江被相達候由に而廻狀來

大目付江

去る三日夕刻相州浦賀表江異國船四艘致渡來一應糺に相成候處北アメリカ國之船之由先穩に有之由に付右に付雜說等申立候儀有之間敷候得共右等之儀堅相愼み猥に雜說申觸候義無之樣可相心得候尤長崎表幷御領海急速請持之面々を初一統兼而被　仰出置候趣彌無油斷覺悟可仕候事

右之趣不差立可被相達候以上

六月晦日

〇七月三日先荷積之儀達來例文故略之尤付紙有之左之通

是迄先荷物之内雑物薪炭等包立方麁相に有之歟にて御船方にゐ揚卸
取扱方致難澁候間入念結立に相成度旨手筋ゟ引合有之候事
七月十一日積
八幡丸　井上權一郎荷物　梶取池　忠太
○同四日　久佐久元服孫兵衞と改名願卽日濟手數有之
一此節長崎召連候小者今日相極候事
松田忠太夫家來判
御笠郡上大利村　清　作
○五日夕中師萬六方に米證據持參且左之書付遣賴置
覺
一米六俵三斗八合は　御扶持方米
一同四俵壹斗九升七合は　御足米
一同貳俵貳斗五升五合は　悴御扶持方米

〆米拾四俵壹斗
内
六俵は　湊町加瀬屋丈七方ニ
五俵は　唐人町八百屋吉次方ニ
三俵壹斗は　拙者方ニ
七月　名
○七月六日晝後小者召連加瀬屋丈七方へ先荷拵に行波奈石屋市次方ニ行
石炭樫炭薪鹽等求からけ置
○同十一日先荷積に付小者召連湊町ニ出浮加瀬屋下男ニ加勢相頼左之通
杜倉出方無禮船頭へ引合八幡丸手明へ相渡候事
先荷目
一七ッは　大小米箱
一八俵は　石炭

一壹俵は　大俵樫炭
一壹俵は　鹽
一壹〆は　漬物桶
一壹からけは　七輪二ツ
一壹からけは　（ほふろく梅干壷）
一壹〆は　火鉢
一貳からけは　三把結薪
〆九口外に書狀壹封
嘉永六年七月十一日　名
八幡丸梶取池忠太殿
同日直に小者召連紙役所へ行左之通致拜借且御浦役所溜り錢の內正錢貳兩丈引替候儀兼而實父江賴置候分今日紙一同に取寄候事

覺

一貳匁八分八厘　かん皮指半紙六帖
一三匁は　半紙壹束
一貳匁九分九厘　白半切百枚
一壹匁八分は　乙野半切百枚
一三匁壹分五厘　半紙壹束
一五匁七分　同貳束
一五匁壹分　白方三束
一壹匁四分　障子紙壹帳
〆貳拾六匁貳厘
一拜借金證據は左之通兼而相認淸水善藏江御救役所付方之儀迄相賴置候處今日金子請取來候事
拙者儀長崎二番々加番爲詰方被指越候處旅用金及不足候に付依賴拜借金請取申事

一金三両は　○

嘉永六年七月　　　　　名

高屋佐次右衛門殿

岸原七太夫殿

○七月十二日卯の日に付箱崎ゟ致参詣候事歸墓掃除等相仕廻

○同十三日中元遣物拂方等相仕廻候事委細日記に有之

○同十五日未明八ッ比ゟ忰連太宰府ゟ致参詣候事

○同十六日彌三太夫方ゟ左之通達來

別帳四冊相達候條被得其意早々被指廻來十三日限拙者手許ゟ可被差返候以上

付紙

本文之通相達置候處何方へ歟相濟居候と相見不都合之次第に候今十四日和田市之丞殿ゟ相達候條先々早々無遅滯被指廻來る十九日限拙者手許ゟ可被差返候以上

七月十五日

一於長崎御番所心得之次第幷於浦津心得之次第略之

一於長崎火災之節出方割帳略之

於長崎平日住居割

西泊

聞次木屋　岡部簇

中の木屋　矢野市次郎

加番木屋　根來角兵衛
　青柳良平

下の段木屋　吉田市六
　野間五右衛門

壹番船　津田清太夫

貳番船　松本五郎兵衛

三番船　臼杵彌左衛門
　　　　因　源七
四番船　木立藤次
　　　　淺香良吉
五番船　陶山源作
　　　　神田新五郎
四拾貳挺立　板垣養永
五拾挺立手作　原田源藏
四拾六挺立手作　小田傳三郎
空船　三拾八挺立

戸町

壹番木屋　松本六右衛門
二番木屋　野田淸右衛門

三番木屋　中村甚五右衛門
　　　　　小川藤右衛門
壹番船　月瀬右馬允
貳番船　和田市之丞
三番船　山崎三七
　　　　茨木司
四番船　伊勢田小四郎
　　　　堀作太夫
五番船　空船
四拾六挺立手作　中山半八
同　村上小十郎
四十六挺立　空船
三拾八挺立　空船

御臺場々々詰分は前に記置候故爰に略す

〆

長崎貳番々衆送り立御船組

多幸丸

一五拾六挺立

百日詰 神風丸

一五拾挺立

飛雁丸

一五拾挺立

小船頭 原田　源藏

梶取 三穗　惣七

加藤又左衛門

小船頭 中山　半八

梶取 岡村武右衛門

郡　德左衛門

小船頭 小田傳三郎

方圓丸
一五拾挺立
好風丸
一三拾六挺立
柳丸
一三拾六挺立
廿三
市羽丸

梶取 上杉武七
立花彌三太夫
小船頭 村上小十郎
梶取 上野百八
櫛橋七十郎
梶取 秋山口木次郎
津田清太夫
梶取 杉専五
月瀬右馬允

一貳拾六挺立
鴻毛丸
一五拾六挺立

梶取福田　彦市
和田市之丞
梶取上田惣次郎
岡部　簇
松本六右衛門
野田清右衛門
矢野市次郎
中村甚五右衛門
根來角兵衛
吉田市六
野間五右衛門
板垣養永　御足輕

桂丸
一四拾六挺立

加徳丸
一五拾六挺立

梶取 中村與吉
小川藤右衛門
青柳良平
安部孫七
東郷孫一郎
梶取 大塚代作
伴次郎左衛門
長田半左衛門
野間又六
高木仁太夫
大森圓太夫

五
一 五拾石小早
観音丸
一 五拾挺立

藤田文右衛門
佐藤外衛
小川佐平
福島文四郎
野間源次郎
梶取 眞隅宅藏
松本五郎兵衛
梶取 安永熊平
原田直右衛門
杉 權右衛門
轟 徳太夫
井上權一郎

飯永左兵衛
本間源之進
津田久一郎
飯永庄三郎
梶取吉村權吉
臼杵彌左衛門
木立藤次
因源七
山崎三七
伊勢田小四郎
堀作太夫
茨木司

一五拾挺立
千手丸

陶山源作
神田神五郎
淺香良吉
梶取 中村幸七

一 二 三拾石小早
　但往來船中番頭乘用船
船付 磯吉
一 廿三 急用丸
　中老用船
船付 源兵衛
一 八 六挺小早
〆御船數十六艘

○七月十六日大頭役所ニ出方之上左之横折指出候處無程御月番數馬殿御聞置に相成候段彌三太夫方ゟ被相達尤德永貞七ニも昨日申合置候に付今日双方ゟ差出候事

口上覺

私儀當長崎貳番々加番詰方被指越候旨被　仰付奉畏候然處德永貞七二男幸次郞儀爲後學私ゟ差添遣度双方申合候此段宜御執成奉願候已上

七月　名

大頭三人ゟ當

一歸路久佐家ゟ寄候處同方ゟ兼而願出に相成居候孫兵衞儀前髮執候得共家業筋未熟に付長崎御番に被差越候而も御用達仕間敷尤非常に付養祖父彥左衞門被指越候節は爲後學自力を以罷越度且平常御番も同役申合爲後學自力を以罷越度旨橫折指出に相成居候處今日御月番數馬殿御聞置に相成候趣掛合來候事

○同十七日明達具足箱玉薬箱等入組仕舞其外味噌桶漬物桶等からけ置候事

一明後十九日　御目見御料理頂戴被　仰付候に付麻上下用意に而罷出候

樣且前御禮之儀等彌三太夫方ニ御切紙相達候事

○七月十八日上下著用爲前御禮出方惣詰御帳に名許相記候事

一同日荒戸邊ゟ中通り博多春吉邊致廻勤暮方飯田角左衛門殿方ニ寄候處長崎表ニ帆相見大早著之由に付唯今向家立花彌三太夫方へ聞に遣居候趣噂有之候に付見合居候處未た呼出は不參候得共風説承候に付仕舞次第出方之覺悟之由返事有之候に付夜食仕舞直に引取居候處六町筋邊も御用提灯烈敷致往來求殘し之物等買調通り町邊に而は諸役人追々出仕之模樣也

一夕五ツ比歸宅直に　御館出方大頭衆ニ承候處白帆三艘相見候走り之注進有之候に付今一左右次第に被差越候旨被申談陸路之面々は一刻も引取相仕舞居候樣との事に付追々引取予は船路壹番に付暫く居殘候而頭取ニ致加勢久佐父子も出方有之

一明日　御目見御料理頂戴御延引に相成候段大頭ゟ被相達候事

一夕七ッ比　御館ゟ引取候事
○同十九日早朝ゟ荷物等大概相仕舞候事
一晝後　御館出方諸事同役申合等いたす
一米金鑑札御勘定所にゐ渡方有之候に付請取書持參直に受取候樣と之事
に付何れも請取に行鑑札二枚高左之通候事
一金貳兩は　○陸路之同役は金貳兩白米一俵壹升五合
一白米壹斗五升　三斗入
○非常斗にゐ被指越候向は金六兩三步二朱也
一陸路之面々は同役拾六人明朝出立被　仰付候に付　夕五ッ比　侍從樣
御目見五ッ半比御月番御謁相濟候事
一左之御書付寫を以彌三太夫方ゟ被相達候事
中老　加藤又左衛門
大組頭　郡　德左衛門

大頭　立花彌三太夫

馬廻頭　櫛橋七十郎

於長崎今月十七日白帆五艘相見候注進相達候旨大澤豊後守殿被申聞候段言上之趣相達候其後之模様は未相達候得共右之通今度數艘之儀に付御詮議之上各初急速增御人數として被差越事に候御船々仕廻次第出船可有之候彼表著岸之上在番々頭中申合方萬端御手拔無之様可被取計候事

但陸路請持之向は明日出立急速被指越候條其心得有之手組之面々ゟ可被相達候事

〆

一此節非常御船組荒增左之通乘主無之分は不寫

多幸丸

一五拾六挺立　　加藤又左衛門

信風丸
一五拾挺立
長生丸
一五拾六挺立
桂丸
一四拾六挺立

御醫師　宮崎養格
中島見洞
郡徳左衛門
御醫師　高田玄桂
塚本道禎
大組
山崎權太夫
津田淸太夫
月瀨右馬允
丹半左衛門
蒔田平太夫

北國丸
一四拾貳挺立
飛雁丸
一五拾挺立
寶龜丸
一四拾六挺立
傳達船貳艘

御足輕頭
小川藤右衛門
青柳良平
根來角兵衛
立花彌三太夫
梶取 荻野平右衛門
西川吉郎左衛門
福島兵藏
轟徳太夫
井上權一郎
本間源之進

好風丸
一三拾貳挺立
傳達船一艘
一八挺小早一
千年丸
一五拾挺立

太田七右衛門
松尾又九郎
柴田直次
杉茂平
若松甚太夫
大筒組十二人
瀬戸兵八
山崎十藏○
神田新作
平野文之進
筒井藤太夫
草場傳太夫

一百四拾石
此船止み千年丸乗合になる
一貳百石
右同斷

△神吉六右衛門
藤井庄助
梅野源之丞○
岸原齊○
淺香了藏○
西川九十郎
中村三藏○
千田與平
清水平六○
山崎平太夫○
梅野團之丞○
松井幾平
伊勢田源太

一急用丸拾艘　一　二　三　五　六　九　十　十二　十三　十五
一六挺小早三艘　三　四　六
一四挺小早三艘　五　七　八
方圓丸
一五拾挺立
櫛橋七十郎
眞野元成
邦友元達
加德丸
一五拾六挺立
御馬廻組
同　粟生十右衛門
同　山本直右衛門
同　八木靱負
同　島村九左衛門

日和丸
一三百石

同　森　正五郎
同　時枝平太夫
同　米澤作右衛門
同　岡　安右衛門
同　林　万右衛門
同　戸田平之丞

御馬廻組
毛屋　司
同　小野三六
同　志賀平太
同　澤原孫作
同　魚住奥太夫

同　西郷左馬丞
同　麻生與左衛門
同　山脇仁左衛門
同　縣　久右衛門
同　尾上新之丞
御足輕頭　矢野市次郎
中村甚五右衛門
御目付　和田市之丞
御船奉行　松本五郎兵衛

巨盤丸
一三拾八挺立

立田丸
一貳拾挺立
五
一五拾石小早

浮葉丸

一四拾貳挺立

末田喜太夫
桑原彌七郎
野間源次郎
福島文四郎

一百五拾石積○

但御筒貳拾挺玉藥臺敷板幷假木屋取立入用諸品共積込

飯永庄三郎

鴻毛丸

一五拾六挺立

大組 加藤九郎太郎
同 喜多村彌次右衛門
同 根本孫三郎
御醫師 有田正益
同 八田玉山
同 坂卷文碩

新宮丸
一四拾四挺立

萬歳丸
一四拾六挺立

青龍丸
一四拾六挺立

御足輕頭
岡部簇

松本六右衛門

御馬廻組
竹森安右衛門

同
伊藤次右衛門

同
平野茂平

同
伊丹三十郎

同
富永甚右衛門

同
森吉五郎

御馬廻組
根本右一郎

一羽丸
一貳拾六挺立

安永丸
一貳拾貳挺立

快通丸
一貳拾貳挺立

同 龜岡傳藏
同 大島彌三郎
同 各務常次郎
同 松下傳右衛門
同 加藤彌平太

御馬廻組 長尾太平
三宅藤十郎

同 村井仁右衛門
都築九十郎

御馬廻組 野田新五左衛門

快風丸
一貳拾貳挺立
觀音丸
一五拾六挺立

山本兵右衞門
同 土屋喜八郎
同 粟生六兵衞
御石火矢役 久佐彥左衞門
久佐孫兵衞
大筒役頭取 臼杵彌左衞門
大筒役 木立藤次
同 因源七
同 山崎三七
同 伊勢田小四郎
同 堀作太夫

〆御船數百六拾六艘

香椎丸
一六拾貳挺立

飛電丸　利用丸
一貳拾挺　一四拾四挺立

久堅丸
一五拾六挺立

同　茨木司
同　陶山源作
同　神田新五郎
同　淺香了吉

播磨殿

中船頭 宮本
小船頭 井上

三左衛門殿

小船頭 肥川作太夫

〆御船數三拾艘　但小船は略す

在番之面々

一大渡海船

中老 矢野六太夫

大頭 山内權之進

大組頭 山路嘉左衛門

一右同

馬廻頭 淺山彌左衛門

大組 毛利又右衛門

同 肥塚權之丞

〆四艘

右之内丸印之分は何れも八百石明神丸乘合に相成候事

一入夜彌三太夫方ゟ船路乘船は御船仕廻次第には候得共多く明後日に可相成明日は御目見有之心得にて五ッ半比致出方候樣被申談夕五半比引

取候事

一荷運町夫鑑札も今夕大頭役所にゐ一同御請取候事

一歸宅後實家に行今日見立之案內有之居候に付悴も暮ゟ行

○七月廿日早朝飯後加瀨加平方ゟ行金之鑑札正金振替之儀致相談米鑑札は中師方ゟ持參宅ゟ付來候樣申談置候事

一五半比　御館出方跡聞指出等は例之通一紙に認指出候事

但跡聞は昨日中島惣吉ゟ相賴是迄請持居候津田彌平次分も賴

一御目見は八ッ半比相濟無程御月番數馬殿に相謁御目見御禮は惣詰御帳に名許相記候事

一乘船刻限は九半過候方可然彌三太夫方被申談候事

一御到來所ゟ消毒丸紫雪致拜借候事

一八ッ時比引取中島惣吉小池忠藏野田八左衛門加勢に來荷仕舞相濟

一夕近所其外村內之一族に暇乞賴旁行夫ゟ鳥飼宮ゟ致參詣始終悴も致同

道候事

八幡宮御守貳ッ兼而大宮司ニ頼置候分悴ニ請取に遣候事

○七月廿一日晴天

一早朝飯後小池忠藏ニ相頼町夫鑑札を以大工町淨念寺に立居候御町役所ニ遣す直樣町夫五人來候内年長東町伊平と申者ニ荷目録を以引渡五人にて三度持運其内荷之番は長屋之者ニ申付置四ッ過迄に荷物運方相濟荷目録は控共貳枚遣候事

一正九ッ比悴幷德永幸次郎召連主從四人出立一族等見立に來る久佐家ニ誘引候處未た出立に不相成候間波止場ニ弟遣寳龜丸ニ問合候處今少見合致乘船呉候樣と之事に候得共柱倉出方之御陸士目著到には追々付居候趣に付久佐ゟ先に行著到に付候而曾根屋利助方へ暫時見合居候處御船方ゟ最早宜由爲知候に付直に寳龜丸致乘船轟德太夫一人乘込居候處跡之面々隙取候に付德太夫申合船中用炭薪七りん等家頼ニ爲控追々乘

合之面々乗船に相成候に付乗船相濟候由立花彌三太夫方乗船迄家來傳道に乗遣候事

一夕四ッ比座直り無出船九ッ比志賀島着船

○七月廿二日晴天朝七ッ比志賀出船順風にㄱ晝比呼子沖致通船八ッ半比平戸通船午ヶ首にㄱ暮夕四ッ比面高著

○同廿三日曇天晝比ゟ小雨朝七ッ比出船六ッ時板ノ浦著船九ッ頃船々出船致し掛り候得共模樣惡敷故か相止同所滯船

一板浦にㄱ立花彌三太夫方ゟ乗合西川吉郎左衛門呼に來候に付直に出浮候處先刻長崎表ゟ飛船差立に相成候處先穩之模樣にㄱ高鉾神崎之間に御碇居候に付神島にㄱ手組々々船列立行儀に乗込候樣との事に付早速手明呼出右之趣申談候事

但何れ之御船にも同樣頭々ゟ達有之候由に候事

一同所にㄱ松尾又九郎來同人乗合柴田直次家賴昨日ゟ東風異體之容體に

付縛り付居候由にて每事相談に來候に付早速御醫師へ爲見彌三太夫方ニも其趣一應相噺可然申合無程有田正益へ爲見候由の處至て手強き病發之由にて眠り候丸薬遣し決て縛りを免し申間敷油斷不致候樣申候由彌三太夫方ゟも長崎著之上如何樣共指返候都合可致先油斷無之樣重疊可被申談候由に候事

一板浦にて左之通彌三太夫方ゟ御足輕頭御石火矢役大筒役ニ達來

別紙兩通於御國許御月番數馬殿ゟ被相達候則相達候條被得其意先々無遲滯被差廻留ゟ可被差返候以上

七月廿三日

中老　加藤又左衛門

大組頭　郡徳左衛門

大頭　立花彌三太夫

馬廻頭　櫛橋七十郎

各事此節長崎表ゟ急速被差越儀には候得共兼而貳番々被　仰付置候内交代之時節にも相成候事故異船之趣次第には各初惣御番手中貳番々被仰付置候輩は一番々交代直に在番之心得にて可被罷越候交代之都合等は尙於長崎播磨ゟ申出得指圖可被申候右之趣惣御番手中ゟ各ゟ可被相達候事

〆

於長崎一昨十八日大澤豐後守殿ゟ桐山市郞太夫御呼出にて白帆船四艘追々湊近く乘寄來候大船貳艘小船貳艘にて檣に日本假名文字を以おろしや國と記候旗を揚候由沖出役之者ゟ申越候右に付多く今日中高鉾近邊に卸碇候樣可相成候間御手間向猶又嚴重有之度若又仕切船へ乘掛候哉或は上陸可致體に候はゝ可相成丈手振等にて相支ゟ不致動搖穩便に取計容易に矢業等施間敷尤彼等ゟ不法之義いたし候はゝ出役ゟ及差圖にて可有之旨用人を以被相達候間早速御番頭中ゟ及通達同夜又々御呼

出にゐ今度は諸家類役一同罷出候處大澤豐後守殿被致對面今十八日異國船四艘渡來に付相糺候處魯西亞船にゐ書類を持參乘渡候旨申立且類船無之外疑敷儀相聞不申候段御書付被相渡候段及言上候此段爲心得相達候事

惣御番手中にも可被相達候已上

〆

○七月廿四日曇天東風强漸々和朝六ッ比板浦出船暫時披き後押船九ッ比神島著船

一早速御舟飾有之候事

一御非番所も佐嘉御人數未相揃候由にゐ此方樣御飾有之居候事

一乘合西川福島高鉾ゟ呼に來候に付具足下陣羽織にゐ揚陸有之

一壹番々大頭山内權之進方は高鉾指口之常住木屋住居隣木屋陸路被差越候同役之内原田助太夫長田半左衞門高木仁太夫佐藤外衞且一番々頭取

津田武右衛門致住居其外壹番々同役井上庄左衛門安川榮栗原與八郎は在來侍番所住居假木屋も二軒立御足輕山内家來共住居候事但彌三太夫方も高鉾繫船に候事

一右之外陸路被指越候同役神崎野間又六飯永庄兵衛大森圓太夫小川佐平長刀岩に吉田市六伴次郎左衛門藤田文右衛門野間五右衛門蔭尾に杉權右衛門安部孫七津田久一郎東鄕孫一郎住居候事

一拙者共乘船寶龜丸は高鉾下に致繫船居候樣との事にて候事

一明廿五日播磨殿兩御番所ゟ女神魚見岳白崎長刀蔭尾高鉾神崎太田尾ス丶レと順道にて巡見之筈に付寶龜丸乘候面々は高鉾に致出方候樣彌三太夫方に申談候旨頭取ゟ噂有之尤西川は女神魚見岳白崎福島は神崎太田尾ス丶レ付廻之筈に候事

○七月廿五日早朝ゟ西川浦船にて女神に渡海福島も見合渡海殘四人晝飯後高鉾揚に貳の增に致出方無程播磨殿三左衛門殿御同道にて巡見有之

其外付廻り御用聞加藤三郎左衞門聞役原靜馬御祐筆大野平内江藤小一郎等御用所下番上野右内も參居候事

一夜中御臺場見廻りに申合上り候樣と之事に付鬮取いたし太田轟今夕揚り高鉾ゟ致一宿候事

一巡見後神崎矢野六太夫殿居木屋にゐ御番頭衆寄合有之内役頭取中も出方夜半過引取に相成候事

一佐嘉御人數相揃候付明日御非番所請取度旨申來候由に付兼ゐ御示談も有之居候旨に付長刀岩蔭尾白崎魚見岳可相渡被申越候得共佐嘉よりは御非番所不殘と申立候由に付速に評議有之明日之請取後は出來いたす間敷趣に候事

一異船四艘之内小形蒸氣船は本國ゟ限りゐ用事有之明朝致出帆度旨申出候由御奉行所ゟ番頭衆ゟも達來候由に候事

一夕八ッ過高鉾ゟ乘合何れも呼に來尤西川は蔭尾へ出浮に相成未明に蒸

氣船出帆之由に付自然之節之ため何れも御臺場々々ハ致出張
○七月廿六日晴天和氣
一朝六ッ半比ゟ蒸氣船に煙相見五ッ比出船帆なし蒸氣計に而出る大船を
一遍周り直に走る至而速也朝辨當取寄二ノ増に而相仕廻伊王島かはし
候に付見合引取候事
一夕本間源之進同道に而高銉ハ揚る一宿掛御臺廻り夜半過請持致廻方候
事
一御非番所請取渡之儀佐嘉御方と趣意違に相成居候由に而彼是之内には
隙取事に付佐嘉ゟ申立候通御非番所不殘明日御渡に相成由乍併異船間
近き事に付穏に致度夜に入候方可然双方申合に相成候由に候事
一予逆上强頭痛齒痛等致候間高銉居住有田正益ハ爲見齒脛ゟ血取灸點頸
に三ッ卸高銉に而忰ハすへさせ候事
一夕左之通彌三太（マヽ）方ゟ達來

今度魯西亞渡來に付

侍從様一昨廿四日　御發駕被遊　御越座候旨被　仰出候明廿七日此元　御著之御日割に有之候條翌廿八日兩御番所初御臺場々々　御巡見可被遊候先不殘御上陸之處可被心得候船岡住居之面々御巡見之節ケ所々々波戸出方可有之候以上

七月廿六日

一御非番所佐嘉江相渡候後同役住居割左之通評決に相成候事

西泊
吉田吉（マヽ）六、
野間五右衛門、
壹番々　田隅六七郎、
同　末田作之進、

神崎
壹番々　田隅六右衛門、
原田直右衛門、

依申合神崎へ上り住居
非常計り

神崎下繋船
浮葉丸　非常計
同
同
同
好風丸　同
同

轟徳太夫、
本間源之進、
横田惣　六岩
西川吉郎左衛門、
桑原彌七郎　船
末田喜太夫　船
杉茂　平岩
松尾又九郎　岩
柴田直　次岩

壹番々
壹番々
同

村澤喜三太、
梶原八太夫　ス
藤井利左衛門、
西川甚之丞、

太田尾

杉　権右衛門、
安部孫七戸
津田久一郎戸
東郷孫一郎、
壹番々　津田武右衛門、
同　井上庄左衛門太
同　安川榮太
伴次郎左衛門神
藤田文右衛門神
小川佐平神
壹番々　栗原與八郎太
非常計り　福島兵藏太
同　太田七右衛門太

魚見岳に繫船
寶龜丸

魚見岳

同　久佐彦右衛門太

同　久佐孫兵衛太

壹番々　齋藤太七郎

同　大西諸平

同　太田啓次郎

井上權一郎

飯永庄兵衛

飯永庄三郎

女神

壹番々　吉崎淸右衛門

同　阿部專之丞

同　津田孫平次

野間又六

大森圓太夫

野間源次郎

壹番々　大森與左衛門　船
同　櫻井文之丞　同
同　根中保兵衛　同
同　櫻井源十郎　同
長田半左衛門
高木仁太夫　岩
佐藤外衛　同
福島文四郎

女神

一乘合不殘高鉾ゟ揚今夕御非番所佐嘉ゟ渡方に付御道具類取片付其外同役荷物片付等之致加勢御道具類は御雇ひ船に而戸町御道具倉へ爲運同役荷物はヶ所々々ゟ漕送らせ七半比引取候事

一侍從樣　御巡見廿九日に相成候段彌三太夫方ゟ達來

一御非番所請取渡之節佐嘉ゟ立會名元左之通に候事

白崎

長刀岩

蔭尾

高鉾

一此方立會名許左之通に候事

番頭 鍋島隼人
石火矢役頭 原次郎兵衛
鐵砲大頭 伊藤次郎左衛門
石火矢役 東島三太夫
同 大坪藤吉
同 大木次兵衛
同 水町郡之助
右兩人
石火矢役 東島三太夫
同 大坪藤吉
鐵砲大頭 山內權之進

白崎
足輕頭　渡邊和平
同　石川新五郎
石火矢役頭取　津田武右衛門
石火矢役　大西請平
石火矢役　大森與左衛門
長刀岩
同　櫻井文之丞
同　吉崎清右衛門
蔭尾
同　阿部專之丞
同　井上庄左衛門
高鉾
同　安川榮

一西川吉郎左衛門二男忠五郎福島兵藏二男小太郎拙者悴保外に太田七右衛門小者右四人高鉾同役今夕佐嘉立會之節貸遣す

一夕五ッ比佐嘉衆船々白崎ゟ高鉾ゟ來請取渡相濟候に付見合神崎下へ乘

込候事
一夕彌三太夫方ゟ左之通達來
侍從樣今廿七日　御着明廿八日沖　御巡見之旨相達置候得共明後廿
九日沖　御巡見被遊候旨申來候被得其意昨日相達置候通可被相心得
候以上
一夜中怪敷儀有之如何之事に候哉何れ夢中におそわれ候哉船々に一同おらび出し一向譯も相分らす都合三度右之通誠に鯨波之聲と謂つへし乘船寳龜丸之水夫も同樣に付大に叱り付何方も浦人計と相見候事
但一二夜跡地方も右之都合にて船々おらひ出し候由御座船二艘は平常之由今日噂候事
○七月廿八日早朝ゟ德太夫源之進荷物共は神崎ゟ揚る吉郎左衛門も同所に住居之儀申合是亦荷物共に揚り候事
一夫ゟ直に魚見岳下へ乘廻拙者荷物共に致揚陸常住木屋には壹番々大組

頭山路嘉左衛門方住居に相成假木屋貳軒専取立中に付暫時石火矢打常住木屋ゟ見合居候處無程致出來候に付直に荷物等爲入致居住常住木屋椽先壹軒は二間に八間石段の上水堀前壹軒は二間に七間也小き方に同役六人住居之心得也大き方に足輕頭兩人足輕四十人之積也未た住居割之達は無之候得共此折柄之儀に付不取敢同役申合嘉左衛門方ゟは其趣申出置候事

一嘉左衛門方御木屋ゟ參致面會無程飯永庄兵衛父子も上り來候事

一侍從樣明廿九日沖　御巡見之筈に候處依御都合今日九ッ時兩御番所計御巡見被遊御臺場々々は御名代久太夫殿被指越候趣其外出方場所等之儀嘉左衛門方ゟ被申談候事

一晝飯後　侍從樣兩番所　御出之模樣に付何れも波戸致出方西泊ゟ戸町ゟ　御出之節御禮申上見合引取魚見岳御柵内之筈に候得共人數多候間二ノ増口に罷出居候處無程久太夫殿女神ゟ間道通御出嘉左衛門方居木

屋にて暫時休息夫ゟ二ノ增計御出にて暫く異船之模樣等見分有之兵藏
惣六御付廻いたす當所波止出方左之通

常住木屋住居　山路嘉左衛門
當所下繫船　引入　喜多村彌次郎右衛門
同　加藤九郎太郎
同　根本孫三郎
假木屋住居　三好策藏
假木屋住居　白石七右衛門
當所下繫船　福島兵藏
同　久佐彥左衛門
同　久佐孫兵衛
同　太田七右衛門
女神假木屋住居　野間又六

當所假木屋住居　井上權一郎
同　飯永庄兵衞
女神假木屋住居　大森圓太夫
同　吉崎清右衞門
當所假木屋住居　大西諸平
同　太田啓次郎
同　齋藤太七郎
女神假木屋住居　阿部專之丞
同　津田孫平次
同　野間源次郎
大組頭乘舟住居　八田玉仙
同　坂巻文碩

但何れも出張装束之儘に候事

一夕山内權之進方ゟ左之通達來魚見岳女神詰足輕頭同役ニ當
各事出張中住居繰之儀別紙之通相成候條其心得可有之候以上
七月廿八日

魚見岳
大組頭
一上常住木屋
（石火矢打八人
陰尾ゟ之八人共
一下常住木屋
（御足輕頭二人
一下假木屋
（御石火役六人
一上假木屋
御足輕　四十人

女神

新臺場
一（侍番所
一（小番所
御石火矢役八人

一（建次假木屋
一小番所　石火矢打
一假木屋二間五間　御石火矢役六人
在來
一（侍番所　御馬廻頭
一（道具木屋
一假木屋二間八間　御足輕頭二人
御足輕四十人

一右之通達來候得共最早上假木屋之住居込居候間御足輕頭ゟ問合指支無之候はゝ内操之儀に付如何樣共可相成及相談候處同方も手許さへ指支無之候はゝ互に住居候事に付唯今之通下假木屋へ御足輕頭二人御足輕四十人相住居可申との事に付其趣嘉左衞門方ゟ致噂候處此折柄之儀に付如何樣共都合宜申合候はゝ苦かる間敷旨被申談候事

一彌三太夫方權之進方連名にゐ左之通達來
魯西亞船四艘之内運送船一艘明日致歸帆候旨　御奉行所ゟ聞役御呼
出にゐ被相達候旨播磨殿ゟ被相達候爲心得相達候以上
七月廿八日
右之都合に付石火矢打頭取宗利專五ニも申談且又自然之節之ため明早
朝御筒毎玉藥等配付之儀申談置候事
一夜中も交る々々御臺場内見廻候事
但夕々之儀に付以後不記之
○七月廿九日朝飯後嘉左衞門方初何も貳ノ增ニ致出張五半過運送船致出
帆候に付見合引拂候事
一先荷船八幡丸ゟ荷揚之義問合來候に付先預け置此方ゟ能き比及通達可
申且又事欠候品は内取致度儀も申談置候事
一嘉左衞門方ゟ何も參候樣使來候に付相揃參候處此節　侍從樣ゟ頂戴之

御酒御肴披有之船住居大組衆其外御足輕頭同役も呼寄有之御同人陣羽織にて一順酌有之相祝候事

一兵藏ゟ御臺場請持割左之通に申合候樣申談候事

壹ノ增

壹番々　齋藤太七郎
同　大西諸平
同　太田啓次郎
貳番々　井上權一郎
同　飯永庄兵衞
同　飯永庄三郎

貳ノ增

貳番々　福島文四郎
壹番々　吉崎淸右衞門
同　阿部專之丞
同　津田孫平次

三ノ增

女神新古

貳番々　野間又六
貳番々　大森圓太夫
同　野間源次郎

寶龜丸乘合

同　福島兵藏
同　太田七右衛門
同　久佐彦左衛門
　　久佐孫兵衛
壹番々　大森與左衛門
同　櫻井文之丞
同　根中保兵衛
同　櫻井源十郎
貳番々　長田半左衛門

同　高木仁太夫
同　佐藤外衛

一彌三太夫方ゟ左之通達來右壹番々面々には權之進方ゟ被相達
侍從樣此節　御越坐被遊候に付鹽小鯛一鉢御目錄之通り被下旨・御
意之趣御供御用人ゟ奉札を以申來候各呼出可相達候處當時守衛中之
儀に付此段相達候以上
七月廿九日
尙以本文爲御禮代り合拙者居木屋に可被罷出候以上
一運送船出帆之跡に黑船壹艘座直り致候段檢使船ゟ警固御足輕船に申入
候由今日致座直彌高錚近く相成候事
一久佐彥左衞門太田七右衞門來候事御臺場之儀致申合候事
○八朔嘉左衞門方ゟ左之通播磨殿ゟ御番頭中に唯今達來候追ゐは大頭ゟ
達可有之候得共先爲心得被申談候事

此節出帆之魯西亞船貳艘萬一再致渡來候得は矢張御國法通り砲發爲致候旨大澤豐後守殿ゟ爲心得被相達候此段申入候以上

七月廿九日

一彌三太夫方ゟ左之通達來

魯西亞船之内運送船出帆跡に黒船繫替に相成候段檢使ゟ相達候旨警固御足輕頭ゟ申出候此段爲心得相達候以上

七月廿九日

一當所石火矢打幷手傳名許左之通

壹ノ増

丸山卯三
德島清藏
山崎惣右衞門
畑江忠藏

古川左内
手傳 高山多內
同 因且四郎
同 長沼增吉
同 女鹿左源太
同 喜多崎直作
同 飯地與平次

二ノ增
宗利專五
原忠平
濱地小平太
堀田善一
安永才次郎

手傳　白水卯三
此外四人増人數にゐ候
同　寺坂初次郎
右壹人出張まて表波止居殘り
同　左田喜右衛門
同　川島權八
同　田鍋和内
三ノ増
井上宅四郎
松尾嘉平太
徳永利七
手傳　西原源五
同　田端與平次

同　吉岡武八
同　荒川新藏

一相宿申合壹ノ増御筒八挺之内口之貳挺は向悪敷取除く殘六挺を六人に
而致鬮取銘々請持相立置候事
壹貫目　庄兵衛　（新藏 且四郎）
壹貫五百目　權一郎　（左内 直作）
八百目　太七郎　（清藏 與平次）
壹貫目　諸平　（惣右衛門 多内）
七百目　啓次郎　（忠藏 左源太）
五百目　庄三郎　卯三

一飯永父子同道悴連寳龜丸へ立寄今朝嘉左衛門方ゟ被申談候播磨殿ゟ御達之儀致噂夫ゟ寳龜丸付浦船にて西泊渡海彌三太夫方御木屋へ罷出鹽小鯛拜領之御禮申上歸吉田市六野間五右衛門木屋江寄兵藏も參居候に

付同船にて引取又歸女神ゟ寄候事

○八月二日曇天漸々風雨にて烈敷相成御幕御旗等あおり候に付御旗は壹ケ所壹本宛爲立候得共次第に吹募り竿折損候に付後は取除させ御長柄も爲寢置候三ノ増ゟは掛放れ候場所に付此折柄自然紛失之品等有之候ては不相濟儀に付一兩人は參り居候方可然嘉左衞門方被申談候に付其趣石火矢打被申談兼て取建居候御筒覆之内に是迄之通住居候處夜半比吹倒甚浮雲模様に候間小番所ゟ引取居候て折々見廻り之儀重疊申談猶相宿ゟも代る〳〵見廻候事

○同三日風猶不止雨も折々降居候處暮比ゟ漸々和き候事

一嘉左衞門方ゟ三ノ増御長柄は夜中取込置早朝無拔目飾立候方可然被申談候に付石火矢打ゟ申談置候事且又御旗御幕等も相成丈損少き様心掛風當少き所に一張にても貳張にても張立置候様被申談候事

一御奉行所ゟ御達或は御國本ゟ申來候事等大頭ゟ達に相成儀等御船遣等

烈敷折柄に付不行屆儀も可有之候間其御臺場詰御番頭衆より直に御番手江申談に相成候處に申合有之候趣嘉左衛門方被申談候事

一福島兵藏見廻りに上り來

○八月四日漸々晴

一一昨日兵藏ゟ申談候自然致放出候節御筒敷板ゟ落候はゝ上け方大に手取候義に付下之敷石は取除置候方可然其外御火矢筒仕掛之儀等申談居候得共頃日之風雨にふ其儘に相成居候間今朝ゟ右之儀且岡役鍬等之儀問合候處何れ彼方ゟ取調子可申談夫迄相待居候樣と之事

一御旗竿四五本末らの方損居候分は申合致手入爲立置候事

○同五日兵藏ゟ別紙之趣先之比被相達筈に候得共御非番所御引渡彼是延引に相成候旨昨日於太田尾權之進方被相達候右寫指廻候方可然申合候に付致承知候樣掛合來

播磨殿ゟ番頭中江御達書

今度當表ニ白帆船相見候注進相達候に付被差越去る廿日出立昨廿三日致著候右船渡來候者諸事入念無手拔樣可被遂才判旨從拙者相達候樣

侍從樣被　仰付候則　御意書別紙差越候

右之趣惣御番手中ニは各ゟ可被申聞候已上

御　意

白帆船數艘相見候に付拙者被差越候右船渡來候はゝ諸事彌入念嚴重相心得無手拔樣可遂宰判旨　侍從樣　御意に候事

七月

一左之通權之進方ゟ御當番所住居足輕頭同役ニ達來

各住居ゲ所々々水汲所其外付船無之指支候趣に付別帳之通致御船割付夫々引付有之候樣御船奉行へ相達置候被得其意同所住居之衆ニは相互に指支無之樣可被申合候以上

八月五日

神崎

一五拾挺立
一四拾石　小早　御中老
一急用丸
一急用船
一増浦傳道船
増御人數立
一六挺　小早　御足輕頭一人
一同右急用丸　御石火矢役十人
一浦傳道船
付來り
一急用船　御石火矢打八人

一増浦傳道船
一浦傳道船
太田尾スヽレ
一四拾六挺立
一三拾石小早
一急用丸
一急用船
付紙 三十石小早兩御用船兼
○一三拾石小早
一増浦傳道船
付紙 此六挺小早御足輕頭用船兼
一六挺小早
一増急用丸

御足輕頭の手附 打方手傳兼 御足輕二十人
長刀岩引け 御石火矢打八人
大頭
御足輕頭二人
御石火矢役十二人

一○浦傳道船
一○急用船二艘　大頭役所
付來り 一急用船　御石火矢打八人
同 一急用船　高鋒引け御石火矢打八人
増 一浦傳道船　大頭自分組御足輕十七人
一同　貳艘　御足輕頭手附御足輕四十人
魚見岳
一四拾六挺立
一○三拾石小早　大組頭
一急用丸
一急用船
付紙　三拾石小早兩日用船兼

一○三拾石小早　御足輕頭貳人
一浦傳道船
付紙　六挺小早御足輕頭用船兼
一六挺小早　御石火矢役六人
一浦傳道船
付來り
一急用船　御石火矢打八人
同
一急用船　蔭尾引け　御石火矢打八人
御足輕頭手附
打方手傳兼
増
一浦傳道船貳艘　御足輕四十人
女神
一四拾六挺立
一○三拾石小早　御馬廻頭
一急用丸
一急用船

付紙 三十石小早兩御用船兼
一○三拾石小早　御足輕頭二人
一浦傳道船
付紙 此六挺小早御足輕頭用船兼
一六挺小早
一急用丸　御石火矢役拾四人
増一浦傳道船
付來り一急用船　陰尾引け　御石火矢打八人
御足輕頭手付
打方手傳兼
増一浦傳道船　御足輕四十人

〆

太田尾スヽレ

一急用船　　　御船方役所

一増浦傳道貳艘　　　壹艘は大頭用船六丁小早引上け代り

一同四挺小早貳艘　　　壹艘は撿使付用船急用船代り

右番船用船

〆

増御人數立之分

三艘は　　　急用丸

三艘は　　　六挺小早

貳艘は　　　四挺小早

貳拾貳艘は　　　浦船

〆

一當所付船に相成候六挺小早手明問合に來

五六挺小早　　　船付　幸　八

○八月六日　曇天

一當所付浦船々頭問合に來

是迄鴻毛丸付之分

福間浦

船頭　權吉

○同七日先荷船八幡丸ゟ荷物積來然に家來頃日不快に有之候間浦船ゟ致相談相應酒代可遣申候處早速致承知尤飯永父子も同樣相賴度存念に付一同に揚方爲致酒代無遠慮申候樣及噂候得共一圓不相果候間宗利專五ゟ問合候處一體此邊之土人相雇候得は米一俵魚見岳へ持上け賃三十貳文に相定又御臺場付急用船等ゟ賴候へは一俵に付拾五文拾八文位之仕來に付今日之處大概米二拾俵足位之事に付四百文相渡候はゝ十分にて相歡可申噂致候間飯永申合五百文專五ゟ遣吳候樣相賴無別條揚り候に付御道具倉に當時入置度是又專五ゟ致相談候處空き處も多候間入置候樣との事に付同所へ入置尤炭類は假木屋軒下に圍置候事

但一番々ゟ積込に相宿ゟ當所先荷揚は定りも有之事に付賃錢半高は
出可申噂有之候得とも浦船雇立之儀も聢と相談も不致相仕舞に付其
上定來にも致加勢候儀に付以後之例にも相成間敷併右之趣意も絶而
難押付候間其内衆評に掛可申先及斟酌置候事
一當御臺場揚り來候節嘉左衛門方ゟ惣中ニ肴致到來其上毎々酒等被出候
に付相宿六人申合初霜壹斤入今日爲持遣候事
一惣而嘉左衛門方晝夜一篇御臺場見廻り有り居候得共夜中は右爲助番當
所下繫船大組衆一人宛毎夕見廻り有之其節は必手許ニ通達有一人致付
廻り候事
一左之趣御奉行所ゟ聞役御呼出にて御達に相成候旨番頭衆ニ達來候由に
而嘉左衛門方ゟ被申談候事
公方樣御不例御養生不被爲叶去月廿二日巳上刻被遊
薨去に付今七日ゟ普請鳴物停止候右之趣江府被仰下候に付申達候事

一右に付石火矢打頭取江も物静に有之候樣申談候事

丑八月七日

○八月九日嘉左衛門方ゟ明十日肥前守樣小狩倉ゟ御乘船御非番所御巡見之筈に付御臺場内御飾向等彌嚴重作法宜見繕候樣被申談候に付石火矢打頭取江も申談御幕ゟ覗候歟又は御臺場下道筋にも往來候者立留候類は制候樣申聞置候事

一晝後庄兵衛同道悴連女神へ行大森櫻井假木屋江寛りと相噺暮比引取候事

一當所付浦船江申聞一日に女神水二荷宛居木屋迄持來呉候樣申談置候事

一宿狀其外實家江之書狀認地方詰上野右内江賴遣分西泊役所小金丸彦六迄賴之手紙谷村關次郎江爲持遣候事

○八月十日肥前守樣御巡見に付御臺場内申合見繕致す晝後御巡見小狩倉ゟ御往來之儀に付波戸出方には及間敷嘉左衛門方被申談候事

一嘉左衛門ゟ呼に來尤陣羽織計著用にて宜段申來候に付參候處此節御使者坪之進被指起御番頭衆にハ御意之趣申傳候に付何も呼出被爲相達筈に候得共守衛中之義に付予一人ニハ相達候間右之處を以當所請持同役中ニハ申談候とこ事

番　頭　中　ニハ

御　意

公方樣御不例被成御座候處御養生不被爲叶七月廿二日薨去被遊御番所彌入念可相勤候御奉行所ニハ御使者被指越候に付御意被仰遣候右之趣惣御番手中ニハも可被申聞候事

右之趣

少將樣被　仰付越候段可被申述候事

番　頭　中

御　意

公方樣薨御被遊候其元今程魯西亞船渡來に付諸事彌以嚴重相心得御番所を初御臺場々々守衛筋猶更無御手拔樣可被遂宰判旨
侍從樣　御意候事
惣御番手中幷人數之向ゟも可被申聞候事
一右一同左之通被相達候事
八月九日
播磨殿ゟ左之通被相達候事
公方樣先月廿二日被遊　薨去候段御奉行所ゟ聞役御呼出之上被相達候御當番中殊魯西亞船も致渡來居候に付相替儀共は無之哉今日御奉行所ゟ罷出相伺候處豐後守殿御逢彌別條無之旨被申聞候此折柄に付尙又守衛向嚴重に相心得末々質素に罷在候樣可被遂才判候事
覺
一御番所飾之事

一月額之事
右先唯今迄之通
一稽古鐵砲之事
右遠慮可然候

番頭中ゟ

公方樣御不例之處御養生不被爲叶先月廿二日被遊　薨御候段去ル四日御國許ゟ御到來有之候に付御國中ゟ之觸書寫別紙相達候條御番手初御人數末々迄不洩樣可被相達候事
八月八日

觸書寫

大目付

公方樣御不例之處御養生不被爲叶先月廿二日被遊　薨御候段御到來有之候就右左之通停止可被相觸候事
八月四日ゟ九月十二日迄

音樂御中陰中
八月四日ゟ同十七日迄
作事二七日
八月四日ゟ同十三日迄
店卸十日
八月四日ゟ十日
山海獵一七日
八月四日ゟ一七日
諸商人振賣一七日迄
一武藝之内弓鎗鉟術責馬は八月四日ゟ二七日過内證にて稽古は從前之格も有之事に付勝手次第之事
但辻的は御中陰之間遠慮可仕候事
一學問所稽古八月四日ゟ二七日遠慮可仕候事
一御館には諸藝定日に遠慮可仕候事

一鐵砲中り打之儀大筒小筒共御中陰之間遠慮可仕候事

八月四日

一彌三太夫方ゟ左之通達來

壹番々詰日數今十日迄に而百日に相成今程之都合に而は貳番々交代引拂之期も見込不相立候に付爲便利明十一日貳番々詰方之向と内々交合之義番頭中申合候尤守衛方之儀は矢張是迄之通相心得混雜無之樣交り合可有之候尚委細之義は可及直達候條同役被申合候而手許ゟ問合可被申候已上

八月十日

一近々魯西亞船之使節御建《マヽ》山ゟ上り候模樣に付明日大鳥崎其外兩御番所遠見に御筒飾り付出來之筈に付同役多人數之處ゟ申合出方之筈に候得共當所ゟは出方にも及間敷兵藏ゟ致噂候併落手之向は後學之一つに付申合渡海可致噂置候事

一此節魯西亞船何等之事にて渡來いたし候哉色々雜說多候に付自然內實之儀相知れ申間敷哉と兵藏ゟ山本惣次郎ヘ　マヽ　內狀遣候處右返事に此節之都合御奉行所にても極々陰密之儀に付實事難相分候得共米穀申受度先年ゟ之大望之由此節國王之命を請信義をも通し度書翰指上唯今江府ヘ御伺に相成居候專ら公便右御左右相待居候由內々御承知被遣候樣と之趣兵藏ゟ爲見候事

一寬り御飛脚著之由にて宿狀著無別條尤去る二日風雨强少々損所等有之候由に候事

　但去る三日之書狀也

一壹番々中諸手白崎請持に付同所書送を以申送候に付承り置且同所之催合道具も目錄引合請取置候事尤御道具類は戶町御道具倉ヘ他所之分一同に入込に相成居候に付追て取出之節引付帳を以相調候處に申合候事

○八月十一日雨天に付大鳥崎兩遠見の臺場拵には渡海不致候事

一當表非常に付同役隱居之面々兩三人ニ此折柄に付御石火矢御用有之節は御館出方之儀御切紙達有之候由承候に付是に記

一夕八ッ過ゟ風雨次第に强相成候に付何れも起上り鎗抔卸し其外取出し居候衣類小道具等風呂敷革籠等に入木屋倒れ候致覺悟八月十二日明ケ六ッ時に至東風ゟ南風に相成大分手强六半比下之段御足輕頭假木屋半は丈吹倒候に付何れも木屋出火いたし御足輕頭ニ見廻候處怪我等は無之由嘉左衛門方御木屋ニも相尋御臺場内見廻りも出來兼候間石火矢打にも申談し御幕御旗等成丈け不損樣取込せ候得共最早過半損御幕御提燈は昨夜來大方損御筒覆御筒先等は折合候上ならては物數改等行届不申候御船々難儀之模樣誠に見るに難忍船底十人計も上り再三波を冠り居候體或は助船も相見ニ乘出居候得共難往少し和き候而漸く助け行候有樣中々筆紙に盡し難く異船も兩艘共に六七町も吹流され當所ゟ八九町に相見候事

一五ッ半比嘉左衛門方ゟ何も呼に參粥振舞有之御足輕頭組共に同樣之由
一撿使警固船其外番船御足輕は木鉢に入れ御米ヶ浦へ入候船も有之候由
併御國船は足代船壹艘裏返しに相成候由尤一人も別條は無之佐嘉船は
三四人も命を失ひ候由公船に壹人歟相果候趣に候事
但唐通詞之由
一西泊御作事所ゟ職役壹人見廻りに來後刻山崎文右衛門手入に渡海可致
候間見繕致指圖呉候樣申來嘉左衛門ゟも職役參候に付然るへく取計候
樣被申談候事
一地方ゟ請負山崎久右衛門忰峯太郎日雇召連假木屋繕に來候事
一白帆注進之節ゟ當所ゟ致出張候石火矢打手傳足輕今日致交代戸町へ引
取候樣頭ゟ達有之引取候段届に來候に付承り置
一山内權之進方ゟ壹番々同役中ゟ左之通達來
壹番々御番手中唯今之通にては差向交代之期も不相見就ては仕込鹽

噌《マ》、雑物等可及不足且氣候も押移表類等之支も有之一統難澁可有之と
致評議候右に付入用之品々荷物付來る十四日限り拙者手許へ差出被
致候はゝ御國元江申越早々御荷船にて指廻に相成候通り可取計候尤
銘々跡聞にも夫々品付目錄等被指送積方有之候樣可被申越候已上

八月十二日

一晝後福島兵藏御臺場內風損見繕に來候事

一御提灯過半大破に付今日宗利專五西泊渡海請取來候事

○八月十三日朝五ツ時深堀ゟ白帆注進船例之通相圖振致通候に付何も請持御臺場江致出張當所下船住居之面々女神住居當所請持之面々追々揚り來西泊ゟ吉田市六野間五右衛門も當所請持に付致渡海來候瀨戸下の遠見に暫時白旗上り野母江疑の印と相見候得共野母には目鏡に不相見模樣にて合圖之放出も無之候得共七ツ比迄相待居候處權之進方揚り被來嘉左衛門方御木屋にて先刻瀨戸乙名ゟ野母江は不相見由全く深堀之

見誤にゐ可有之との事に付引拂可然被申談候に付何れも引拂候事
一權之進方ゟ壹番々同役中ゟ左之通達來但兩通に候事
各ゟ御渡御扶持方米上下現人數壹俵宛明十四日四ッ時西泊表波戸にゐ請渡候條同所ゟ出方受取可有之候尤雨天之節は日送りにゐ被請渡候條其心得可有之候已上
八月十三日
御國元依御船操御荷物船兩艘近々被指返候筈に付右御船便各被指返候荷物有之候はゝ品付目錄早々拙者手許ゟ可被指出候以上
八月十三日
○八月十四日嘉左衞門方戸町へ渡海に付留守之儀賴有之候事
一庄兵衞啓次郎同道悴連太田尾西泊ゟ致渡海浦役所へも行壹番々之面々御扶持方渡啓次郎表波戸にゐ請取候事
一風後御筒覆其外御臺場內損所等相改候事

但指出に認
損所覺
一四組は　御覆筒大破
一四組は　同　小破
一貳ッは　車助紛失
右は壹ノ増分
一三組は　御筒覆大破
一六組は　右同　小破
一三ッは　車助紛失
一壹ッは　御筒梏損
右は貳ノ増分
一貳枚は　御筒覆大破
一三枚は　同妻戸大破

一四組は　同　小破
右は三ノ増分
一御旗臺御長柄臺自分武器臺共所々損
一御石藏前矢來崩れ落幷柵戸釘〆
一壹ノ増矢來損
一常住木屋妻瓦落摧
一石火矢打常住木屋右同斷
一同所板塀貳ヶ所倒損（付紙此分急に御手入相成度分）
右之外御幕杭拾四五本折損居候處白帆注進有之折節山崎峰太郎參掛居候に付不取敢爲繕置候事
八月　魚見岳詰
〆　石火矢役
一西川吉郎左衛門江出會之處先日權之進方ゟ左之書付を以武右衛門江被

申談候に付魚見岳〻も申談呉候樣と之事に候得共幸便無之致延引候段
致噂候事
御臺場々々出張御足輕今十一日ゟ內交申付增御人數に被指越候者共
と交り合候に付是迄打方手傳相勤來候ヶ所々々之內左之二ヶ所へ手
付ゟ兼請持申付其餘は御非番所御臺場引ヶ石火矢打ゟ手傳兼受持候
通石火矢打中〻可被申聞候
一神崎打方手傳　八人
一魚見岳同　七人
八月十一日
一彌三太夫方ゟ左之通り達來候に付宗利專五へ申談今迚も多人數廿（マヽ）候處
は無之候得共斯く達來候儀に付御道具木屋取片付にて致住居所に外有
之間敷尤今日七人程足輕頭手付之內ゟ引分當所詰御足輕頭ゟ引付候に
付右人數丈は相納り可申今八人は事に及候節當所〻參候都合に可申取

致噂候事

其御臺場假木屋住居御足輕多人數にて住居方指廻り難澁之趣相達候然る所同所石火矢打常住木屋今程隨分相甘居候由に付右假木屋ニ相住居候者之内十五人程割込住居申付候はゝ難澁薄樣可有之尤魯西亞人使節來る十八日御奉行所ニ被召呼候模樣に付右相濟候はゝ引拂格別隙取申間敷候條當時右之通致同居候樣石火矢打之者ニ程克可申聞候已上

八月十四日

一當所住居御足輕頭ゟ手付にて手傳兼請持候儀達來候得共內々にて手傳と手付と引分置候ては指支有之間敷哉相傳有之候に付手許にては甚都合宜段致返答候處無程手傳に引付來候名許左之通

三好策藏手付之內ゟ

横田嘉右衛門

多田善右衛門
牧　幸八
中田三平
白石七右衛門手付之内ゟ
金王七藏
小野三郎
三宅卯作

一當時相宿大西諸平實父死去之段到來有之候事
一近日魯西亞使節被召呼候に付今日大島崎其外兩御番遠見に御自分臺場御取立に付西泊ゟ直に戶町ゟ致渡海同所に御火矢筒六挺御備付に相成西泊は外同役請持岡役宰判取建に相成候に付戶町ゟ直に引取大島崎は明日御備付に相成假番所をも御取立に相成筈に候事
○八月十五日嘉左衛門方ゟ左之通達來

別紙御奉行所ゟ之御達書昨日彌三太夫御茶屋渡海之節桐山市郎太夫ゟ相達候趣に付指越申候爲御承知相達候巳上

八月十五日

寫

右大將樣御事今日ゟ　上樣と奉稱候彌以精勤を勵可申段被仰出候右之趣去月廿三日出　御奉書を以江府ゟ被　仰下候間申述候

丑八月

○八月十六日嘉左衞門方ゟ口達にゐ今日播磨殿爲　御名代兩御番所御當番所御臺場々々御巡見尤神崎江は御上陸之筈に付例之通御柵内出方猶又不見分之儀無之樣宰判可致旨申談候に付其趣石火矢打江も申談船々江も申遣候事

一巡見後庄兵衞諸平同道悴連神崎太田尾江致渡海候事

一先日石火矢打手傳入替之儀に付權之進方ゟ武右衞門江達に相成書付に

御非番所引石火矢打八人ゟ手傳兼候樣と之趣に候得共右石火矢打之内四人は兼而白帆注進之節ゟ當御臺場請持に而乘込外四人は女神江相住居同所之手傳に女神ゟ申取居候に付自然は此折柄見込違に共は相成居不申哉太田尾權之進方役所に而相調子見候處全見込違に付其趣武右衛門ゟ權之進方江噂に相成候はゝ別に八人達に相成可申段小頭吉浦榮助及斷候然るに今八人當所へ入込候而は住所彌指廻に付是迄住居之手付足輕之内ゟ兼請持に相成候歟又は脇御臺場ゟ事立候節參候手筈に相成歟兩樣之處榮助江申談且又歸路武右衛門迄右之都合致噂候處同人ゟも頻に斷有之委細承知に相成候事

一侍從樣御名代として播磨殿兩御番所ゟ神崎江御出に付當御臺場請持之同役女神寶龜丸ゟ上り來嘉左衛門方大組衆にも二ノ增に出方に相成御柵内は手挾故に候事見合引拂

一今日之沙汰に頃日五島ゟ四十餘里沖に異形檣幷針鐵綱鎖等流居候を鰹

釣漁之船見出漕來居候得共至而重く候間向寄之島江引上其品々內持歸御奉行江唯出居歟之由に候事　就而は樣々說あれとも略す

一彌三太夫方ゟ左之通達來

明後十八日魯西亞人御奉行所江被呼出候に付各方手許付急用船六挺小早御仕方に相成候此段爲御承知申入候以上

八月十六日

○八月十七日太七郎同道悴連女神江行稽古所之儀に付每事申合尤先生父子も出浮之筈に候得共大鳥崎御臺場請持にて寶龜丸乘合今日ゟ水ノ浦江漕廻候に付出浮無之出席

與左衞門　直八

文之進　保兵衞

外衞　太七郎

作之進　外に拙者悴

一津田武右衛門ゟ壹番々同役に御渡金貳兩宛權之進手元被相渡筈に付請取に參候樣申來候由に候事

○八月十八日武右衛門ゟ御非番所渡之節立會候同役ゝ當左之通掛合有之

此末佐嘉御方ゟ御非番所引渡に相成候節は矢張壹番々之向ゟ立會引渡之處に相居り申候爲御心得申述候

八月十七日

服體羽織袴著用

一嘉左衛門方ゟ今日魯西亞人使節西御役所ゝ被召呼筈に候得共依御都合延引明日に相成候段被申談候事

一嘉左衛門方ゟ左之通達來候に付宗利專五ゝも申談置候事

唯今播磨殿ゟ別紙之通被相達候に付爲御承知相達候以上

矢野六太夫殿

加藤又左衛門殿

黑田播磨

郡　德左衛門殿
山路嘉左衛門殿
立花彌三太夫殿
山内權之進殿
淺山彌左衛門殿
櫛橋七十郎殿

明十九日魯西亞人西御役所ゟ被召呼候に付本船ゟ波戸場迄彼船之端船に乘組撿使船其外船々御奉行所ゟ被差添兼而從　此方樣御手當之通致警固御臺場を初兩番所致通船筈に候條守衛等猶又嚴重に相心得乘筋仕切綱解候而指通候樣可被致候御番手中末々に至作法宜見物ヶ間敷儀無之樣可被申聞候以上

八月十八日

○

○八月十九日朝六ッ半時比撿使通船に付兩御番所ゟは白帆注進之節之通

り番頭初出張に相成尤播磨殿ゟ兼而達に相成候由撿使船貳艘外に引船八艘其外御用船等御番所前通船見掛此方御足輕頭幷警固船數艘乘出船列にて異船之方へ往九ッ比使節共バッテーラヘ乘移大小六艘に異人共六七拾人乘込囃子立致通船尤囃子候は壹艘也兩方ゟ撿使其外警固船附添大波戸ヘ漕行八ッ時比又船列にて致歸船候に付見合嘉左衞門方初當所請持之面々往來共致出張候事

但今日此方御手勢固め之都合御船列所ヘ追て相調筈に候事

○同廿一日嘉左衞門方ゟ口達にて近日先荷船被指返候に付壹番々之面々返り荷物有之候はゝ指出認送り越候樣に權之進方ゟ申來候段申談候得共相宿之面々は先達ゟ指出置候由に候事

一嘉左衞門方ヘ損所指出持出候處直に彌三太夫方ヘ指出候樣被申談候事

一此節使節陸揚に付右御入用諸品積にて比日廻著之高砂丸明日出船之由承候に付宿狀其外所々ヘ之書狀五通幷宿元ヘ送り候品等包立實父ヘ當

當津浦役所ゟ秋山市郎ゟ賴置候事
一權之進方ゟ左之通達來候に付宗利專五ゟも申談置候事
魚見岳御臺場御石火矢打手傳及不足候旨被申出候に付則左之通兼請
持相達置候其旨可被相心得候以上
八月廿一日
白石七右衞門手付ゟ
一　三人は　兼而受持申付置候由
三好策藏手付ゟ
一　四人は　右同
白石七右衞門手付ゟ
一　四人は　今日ゟ相增候分
三好策藏手付ゟ
一　四人は　右同

右之通達來候に付御足輕頭へ致噂候處同方ゟも達來候に付後刻名許可
遣尤手付之内にて兼請持に付入用之節はいつ迚も申遣候樣其者指支候
節は代人可遣夜廻り等も爲致候樣との事にて無程左之名付引付來

元木廣太郎
重松利三郎
寺島壽作
松田孫六

○八月廿一日權之進方ゟ壹番々同役ゟ左之通達來
各事此節非常苦勞銀百日分前借被相渡候條明廿二日拙者木屋にて相
渡候是迄前借有之分は上納致差引相渡事に候其心得有之御受取可有
之候以上

八月廿一日

一大西諸平忰六歲急症にゐ相果候段申來大頭ゐ屆之義は明日太田尾渡海之節にゐ可然頭取には言傳にゐ爲相知惣同役には改ゐ爲知に及間敷申合尤嘉左衞門方ゐは今夕相宿ゟ申入候事

○同廿二日晴天五ッ比白帆相見候模樣にゐ瀨戸遠見に旗上け松貳本立居候に付何も致覺悟無程右遠見と相圖之放發都合六放地方ゐも請繼放出致す伊王島四郎島香燒島邊ゐも致放出女神住居船住居候同役西泊兩人其外大組衆追々入來終日致出張居候得共入津不致候に付脇より入來之面々女神住居之外は何れも當所ゐ滯り相成候事

○八月廿三日晴天五ッ時比伊王島ゟ五島之間ゐ白帆船壹艘相見風不思敷相見又々伊王に隱れ又は五島之方に流れ終日漂候ゐ入夜候に付地方ゟ出張之面々滯に相成尤女神住居之向は引取夜中猶更嚴重代々見守候事

一御浦方御用にゐ廿一日御國許出立之由にゐ浦役所小使ヽ實父ゟ之書狀致持參去る廿日之日付也何方も無別條當浦妖怪之沙汰にゐ沖津宮ゐ浦

役所ゟ御祈禱有之浦人中ニ御守札送り越に相成候由
○同廿四日曇天入夜雨降又夜半ゟ晴今日は白帆神崎に陰當所山上ゟ見え
候位にゟ漸々まきり込七ッ半比高鉾白崎之間に入碇を卸彼船の本船ゟ
もハッテーラを付一體隱來模樣にゟ御用船も數艘付居候事
右に付出張之面々も御木屋に致休息代る〳〵見守候事
一上野右內ニ宿元ゟ送り越候內に入組予宿許ゟ書狀幷麥の粉入之包同人
ゟ西泊迄送り遣候分同所ゟ御足輕渡海便に致持參候に付右返書帆足武
平ニ之書狀に認右內に幸便有之爲持遣相賴候事
一女神幷船住居之同役は一先引拂西泊兩人計相滯候事
一夕四ッ比嘉左衞門方ゟ左之書付寫持參之使來口上に撿使ゟ警固御足輕
頭岡部簇ニ遣候段矢野山內ゟ掛合來候由に候事
寫
渡來之異國船ニ撿使兩人乘込相糺候處先達ゟ致出帆候魯西亞船貳艘

之内運送船之旨申立候此段御達申候

○八月廿五日晴天朝飯後西泊兩人も引取候事

一昨夜播磨殿ゟ新古番頭中江左之通達來候段嘉左衛門方ゟ被申談候事

以手紙令啓達候唯今御奉行所江聞役御呼出に而今廿四日異國船一艘渡來に付被相糺候處先達而當沖致出帆候魯西亞國運送船に而粮米積乘を再渡いた尤類船無之旨申立外疑敷儀も相聞不申段被相達候旨申出候就右御備向を初警衛等猶又嚴重可被相心得候

右之趣御人數之面々江は各ゟ可被申聞候已上

八月廿四日

一壹番々之同役先荷積方有之候に付予も加瀨屋ゟ賴之鐘ノ辻洗粉貳朱分水樽に詰込且又宿許江口砂香壹箱送り候分も一同に詰何れも書狀相添櫻井文之丞致荷物同方ゟ加瀨方江達方之儀同人に相賴候事八幡丸之由也

一頃日風說に去る二日暴風之節五島より四十餘里沖女島の曾根飛島とか

申處ニ打當候歟異形之帆柱幷針鐵鎖綱等流居を鰹釣漁船見當り曳來候得共甚重有之候に付向寄之場所ニ曳捨少々充持返候而持出御奉行所ニも揚り候歟之由然るに右は先達而當津出帆之蒸氣船沖にて運送船を相待居候歟にて難船之模樣を運送船見及候此節渡來之上致噂候由運送船も相應に致難儀候歟之由に候事

一此節再渡之運送船本國迄ニ不參唐國迄參用向相整來候由に候事

一假木屋爲繕職役岡役連來追々長引寒冷に押移候得は手入先大分有之候に付而追而書付を以可申出職役ゟも申出に相成候樣致噂候事

一御足輕假木屋手挾に付足輕頭ゟ申出之上今日又一軒建方に相成

○八月廿六日假木屋成就いたし候事自分武器臺場所替致候に付見計致宰判

一庄兵衛水の浦渡海同人陸路持込之案駄此節先荷船ゟ積戻候に付右包立等有之陸路之面々何も同樣直に御前船ニ積込候由に候事

一悴連岡通り戸町へ往櫛橋七十郞方郡德左衞門方御木屋ゟ參候事
○同廿七日諸平啓次郞神崎太田尾ゟ致渡海候事
一假住居御足輕木屋の人足車助け打割居候を宗利專五見當取上け相屆來候に付後刻御足輕頭木屋ゟ參り白石七右衞門ゟ右體之儀有之候而は甚不相濟儀に付手付之處ゟ重疊申談人足共ゟ申付吳候樣急度申入置候事
○同廿八日朝雨暮比女神ゟ櫻井文之丞來明日魯西亞船湊內ゟ引入相成筈に付稻佐崎船津崎臺場今夕
此方樣ゟ御請取に相成候間福島兵藏初右乘合之面々唯今ゟ出浮候に付嘉左衞門方ゟ屆之由右之外同役も所々ゟ水浦ゟ參候由石火矢打も同樣之由に候事
一夕宗利專五來唯今女神仕居蔭尾引ヶ石火矢打頭取月隈惠三ゟ先刻大頭役所ゟ參候處今夕御臺場受取に付蔭尾引ヶ石火矢打五人程唯今ゟ引越候樣其內貳人は兼而蔭尾ゟ當所ゟ參込居四人之內ゟ遣候樣申參候に付

如何可致哉及問合候に付今夕之處は誠に指掛り火急之御手筈と相見へ
候に付兎に角御不都合に不相成候樣一割も遣方可然右代人之處は極而
明日何方ゟそ參候樣なる事にㇸ可有之末た大頭衆ゟ何たる達も無之候
得とも急場之御用便相察每事明日取調子可申段專五ㇾ申談候處無程左
之兩人今夕水浦ㇾ參候段相屆候事

追ㇸ井上宅四郎代ろ山崎惣右衛門
畑江忠藏

其後宅四郎忠藏代りとして渡邊茂兵太吉住卯三郎來又其後茂平太代
りとして柴田丈作九月十七日に來振替候事

一夕左之通權之進方ゟ達來候事
此節渡來之魯西亞船明廿九日太田尾スヽレ前に挽入に相成候旨御奉
行所ゟ被相達候就右稻佐崎船津崎御臺場今夕
此方樣ㇾ御受取に相成候此段相心得相達候以上

八月廿八日

○八月廿九日未明ゟ朝迄雨手强降後漸々晴

一晝後運送船引舟にて挽入女神スヽレ之間に碇を卸右相濟又々引舟にて異船挽入兩御番所中央に碇を卸本船は運送船出跡に碇入替白崎高鉾之間に繫直し候事尤嘉左衞門方初何も御臺場に致出張今日は女神邊之同役其外大組衆も當所出張は無之候事

一右出張中嘉左衞門方播磨殿ゟ廻達候に付即席被申談寫左之通

魯西亞船三艘共今日太田尾スヽレ邊に御挽入相成筈に候處彼船ゟ依賴貳艘御挽入相成壹艘は是迄之場所に致繫船筈に候段唯今御奉行所ゟ被相達候右に付異船繫場兩所に相成候條番船等之都合被申合宜取計可被申候此段申入候以上

八月廿九日

一當所石火矢打兩人水浦に引越後代人等之儀何たる事も不申來候間如何

之都合に候哉武右衛門江爲聞合啓次郎太田尾江致渡海相調に候處全間違先刻月隈惠三ゟ武右衛門噂振に而相分候趣同人ゟ之加挨拶先今夕迄之處兎や角相仕舞呉候はゝ明日は右兩人指返可申段返答有之候事

一女神住居當所請持之面々江當左之通掛合遣候處同所も昨日ゟ水の浦へ引越候同役多殘八人に相成候に付御臺場請持割も割遣に可相成乍併指當候處は同所ゟ見けしめ可申段致返答候事

魯西亞船兩艘挽入に相成候に付而は當所波戸近邊晝夜共折々見けしめ候處御請持被遣度嘉左衛門方ゟも御談申候樣と之事に付其御心得被仰合御守可被遣候已上

八月廿九日

一諸平庄三郎同道悴連西泊江致渡海頭取御木屋江參候處水浦江渡海留守に付彌三太夫方御木屋に參り當所假木屋追々相損候に付御手入之儀先日市六江相咄候處何方も同樣之事に可有之に付同人ゟ一體に御手入に

相成度可申出噂いたし居候得共水浦近邊之御臺場取建彼是にゐ繁雜中に付自然は未申出に相成居申間敷に付當所諸向は御手入丈け小書付に認居申候間指出置可申哉段致噂候處其通可然段噂有之候に付左之通指出置候事

覺

一假住居木屋所々漏所幷横雨打込候場所御手入被下度候
一炭薪等雨度に濡し難澁仕候に付笘筵卸にゐも御仕調へ被下度候
八月　魚見岳詰
石火矢役

一權之進方ゟ左之通嘉左衛門方ゟ番頭衆連名之廻達來候旨にゐ被申談候事
御奉行所にゐ内話之都合も有之候條今夕ゟ挑灯燈方も外見に不拘實用之處を以致燈方候樣御用人ゟ申談有之候條兩御番所を初御臺場々

々紅毛船湊下中に準少々宛相増致燈方候樣申付儀に御座候就ゐは御
互居木屋〻も見合貳張宛燈候樣可致哉猶御見込を以燈方御申付可被
成候已上
一右に付宗利専五〻問合候所今日役處ゟ
右之趣に付當所も七張にて可然申談候由
八月廿九日

黒田播磨

一嘉左衞門方ゟ左之寫を以被相達候事

新古御番頭中〻當る

去廿四日再渡魯西亞運送船一艘明日致歸帆候旨御奉行所ゟ被相達候
右に付猶又御備向嚴重可被相心得候
右之趣御人數之面々〻は各ゟ可被申達候此段相心得候以上
八月卅日

○九月朔日五ッ時比魯西亞運送船致出帆候に付何も致出張候事

一左之通女神同役ゟ掛合候處返書左之通

昨日御妨仕候其御臺場仕居之内ゟ追々水浦引越に相成候に付當所御請持之御面々も相減可申哉と相考申候昨日吉崎太田尾ゟ渡海其邊り取調子候由御噂に付極而相定り可申に付當所御請持之御方ゟ當所波戸近邊御見けしめ被遣にて可有御座爲念御聞合仕候以上

九月朔日

拜見仕候昨日御問合之末今日又々御掛合之趣承知仕候然は吉崎太田尾渡海に相成武右衛門ゟ咄合有之候處御臺場請持之儀は先當所限り請持可然由に御座候就而は其御臺場波戸之儀は御手先ゟ御見ケ〆被成可然奉存候乍併手許も當所廻り方之度毎に見ケ〆可申奉存候

右之趣當所同役申合御答仕候已上

九月朔日

一右之通に付當所請持は相立不申由然るに人數割は致候得共女神は御臺

場に合せ候ゟは多人數之儀に付同所住居之内ゟ兩三人當所請持に相成居候得は其請持ゟ見ケ〆候方都合宜事に付太田尾ゟ致渡海武右衛門ゟ咄合可申併今日は天氣模樣惡敷候明日渡海候處に申合候嘉左衛門方ゟも噂致候處其方可然自然請持相談出來不致候はゝ御同人ゟ權之進方ゟ掛合波戸へ假番所等取立に相成候樣にも取計可申趣噂有之候事

○九月二日諸平同道太田尾ゟ致渡海武右衛門ゟ昨日之都合相噺候處波戸先の處は御木屋ゟ掛隔候場所に付見ケ〆之處は女神に過人も有之事に付請持候方便利可宜其通り女神同役ゟ噺合候樣一體女神には石火矢打も白崎請持之者居住いたし候に付篝之宰判薪の請拂等請持にゟも可然抔噂有之候事

一夫ゟ西泊ゟ渡海一昨日申出候御手入場夜前位之風雨にゟも甚致心配諸道具等取片付倒れ致覺悟候程之儀にゟ何分難澁之都合に付急に御手入之義大頭ゟ申出置候事

一魚見岳波戸見ヶ〆之都合市六ゟも相咄候處尤之儀に付女神住居之内ゟ三人計は魚見岳請持有之候方人數割可然其邊りは吉郎左衛門ゟ咄合武右衛門申合計らひに相成候方可然噂候折柄神崎之同役參候に付其譯相咄吉郎左衛門ゟ申談呉候樣相賴置候事

一歸女神ゟ寄武右衛門噂振之處相嘶候處何れ相宿申合可置旨にて晩景に歸

一御飛脚著之由にて宿狀來廿七日廿八日之狀なり何方も無別條

一夕嘉左衛門方ゟ相宿中案内有之芥飯振廻有之候事

○九月三日女神ゟ野間源次郎來半左衛門今日來候筈に候處散々風邪氣に付乍迷惑一兩人參呉候はゝ昨日之都合嘶合可申段申來候に付晝後予一人惣名代にて女神ゟ行樣々咄合いたし縮る所波戸近邊請持は魚見岳見ヶ〆に女神ゟ御臺場見廻り度段に見ヶ〆候處に申合相濟其趣は嘉左衛門方ゟも相屆置候事

一明日御國許ゟ中早飛脚被指立候段市六ゟ爲知遣候事
一嘉左衞門方ゟ三ノ增之處は風雨に不拘夜中は御旗長柄共堅取込置候樣
書迚も御長柄不殘建方に及間敷半分位にゐ可然旨被申談候に付宗利專
五ゟ其趣申談置候事
頃日風說に先達ゐ四郎島に異人共揚り何品歟致紛失候に付役人一人
致切腹候歟之由右切腹に付ゐ惡說有之在所に有之咎人引出腹切らせ
候なと
右等之風聞に付三ノ增の處掛隔候場所故嘉左衞門方別ゐ用心之趣也
○九月四日今日中早立に付宿狀相認松山彌太夫ゟ當相宿一同西泊ゟ爲持
賴置候事
一嘉左衞門方ゟ相宿兩三人參候處昨夜左之趣達來幸之事に付御書付寫を
以被申聞
新古番頭衆名許略之

御意

運送船致再渡候段

侍從樣達　御聽候依之御番所初御臺場々々守衛筋尚又嚴重相心得每

事無御手拔樣可被遂宰判旨

御意に候事

右之趣惣御番手中增人數之向には各ゟ可被相達候事

〆

御奉行所ゟ御達書寫

人數調練幷三器音入共鳴物停止にても文武稽古大砲打試同樣被相心

得稽古不苦旨無急度遠藤但馬守殿被仰渡候段從江府申來候間爲心得

相達候

丑九月

一嘉左衞門方ゟ呼に來候而左之書付寫六太夫方ゟ參候に付心得にも可相

成候旨に而被為見候に付寫留置候事但五通

八月廿九日

一壹播磨殿ゟ六太夫呼に參候尤六太夫難罷出候はゝ又左衛門致出方候樣との儀に付同日は異船御挽入に相成候間御臺場外に候儀難相成又左衛門被申談同人御茶屋致出方候處御奉行ゟ播磨殿江對談有之一體御備向御嚴重に付而は御番手之面々も數日之儀別而致太儀に付一體心得少しは甘ろけに而も可然夜中挑燈等も相減し不目立方に相成度御實用之御手當さへ御調相成居候上は外見は取飾に不及との趣意之由申談有之候右に付又左衛門相答候には挑灯等之儀は如何樣にも可致候得共御番手中心得之儀は何共申聞兼候次第に有之候甘き候樣申談候は怠惰之譯にも可押移唯今程彼船別而御番所間近く致繋船候に付少しも油斷難成儀と致勘辨候猶六太夫江可申合旨相答候樣同日又左衛門神崎江參り及噂候尤被申談候心得筋之儀は御番手中江相達候に

は及間敷と申合置候事

〆

貳
一魯西亞船貳艘仕切内御挽入に相成壹艘は彼船ゟ依頼是迄之通繋場江繋船被　仰付候就而は仕切之儀如何相心得可申哉之事

但昨日御繋替相成候に付撿使衆江及問合候處彼船端に而互に往來も仕事に付仕切之中通りを解置候而可然旨返答有之候間先右之通致置候得共前段之通に而は仕切は不用之儀と相見候間一切解取候方に可仕哉尤急場仕切仕調候ため神崎女神之兩岸江繰出し置候方に可然哉之事

一矢張仕切は致置候樣との御都合に候はゝ仕切内致繋船居候異船御指圖無之内萬々一不意に出帆仕候節は如何相心得可申哉之事

一彼船端船に而互に往來仕候義入津砌撿使ゟ御通達有之候其後異人運動養生之ためハッテイラ帆懸け乗廻致度旨願出候に付撿使衆ゟ御聞

屆相成候段去る六日撿使衆ゟ御通達有之其後方々乘廻申候然に近來にゐは番船等も遠離れ候ゐ繫船いたし候樣撿使衆ゟ依御通達餘程遠離致繫船居申候に付異人端舟にゐ乘廻候義も遠方かけにゐ乘廻居申候に付番頭共ゟも別ゐ心配仕候儀に御座候昨日御挽入相成候に付ゐは御支も無之候はゝ實に彼船之近邊計乘廻候樣被　仰付度候事

右は八月廿九日聞役兩人間明朝渡海之儀申遣候處晦日原靜馬致渡海來候に付御奉行所引合之儀申談候處同役申合引合候樣可致旨相答申候尤右書面は全聞役之覺書にゐ文章等之儀は獨聞役見込次第取計候樣をも及噂置申候

九月朔日

一三又左衞門神崎ゟ致渡海は唯今程魯西亞船壹艘兩御番所前に致繫船端船にゐ御番所近く乘廻り候に付ゐは片時も油斷難成其上根元太田尾スヽレ邊ゟ繫船被　仰付候筈之處唯今にゐは前條之通り御番所前致

繫船尤初發ゟ太田尾ス、レ邊に繫船いたし風之都合に依而は兩御番所前に流れ出候儀も可有之趣に候得共唯今之處にては兩御番所前繫船と申に相成居申候間些難澁之次第に有之端舟乘廻所之儀別而心遣ひ不少事に候間早々今少內目御繫替相成度且御番所前等端舟にて乘廻之儀夜中等は尙更乘廻候儀御指留相成度左樣無之候ては一昨日播磨殿ゟ被申談は一體心得筋之儀甘き候樣との儀にも候得共唯今にては却而彌嚴重相心得不申しては不相濟儀に相成居候趣を以播磨殿江申出同人ゟ御奉行所へ引合有之度及相談候に付昨日靜馬江申談置候儀も有之候得共尙其邊り委細申出置候方可然申合昨日又左衞門御茶屋致渡海播磨殿江及內談候處甚尤之儀に付御奉行所引合可申旨返答有之候事

一四 二日に差出相成候書付

一魯西亞船太田尾ス、レ邊に御挽入之儀先日御達御座候に付番頭共申

合候趣追々相伺候段各様御存之通に御座候右船内目に御挽入之儀は頭日魯西亞人ゟ被　仰付候次第御座候に付追而御沙汰可被下旨御達之趣は番頭共承知仕候右に付三艘共御挽入可相成之處彼船ゟ依願貳艘御挽入壹艘は是迄之場所ゟ致繋船候段も御達有之追々御挽入相成候右は兼而之御達共致相違候得共番船等も兩様指出内目之分は御達之通増船も差出候に付番船等之手配は相整候得共繋場仕切内外に相成候に付一體之手配等は不十分候且又御番所前は日本船たり共猥りに繋船不爲致兼而之規則候處此節右場所に致繋船候に付而は御番方年來之規則に相振番頭中ゟも難澁之次第に御座候文化度魯西亞船太田尾邊御挽入之節も御番所間近く致繋船候付佐嘉様ゟ被仰立御繋替相成候段も兼而承知仕候且又繋場仕切内外に相成候に付魯西亞人共彌場廣晝夜に不限乘廻り始終仕切船等も乘越或は兩御番所波止先迄も毎々乘入候右場所ゟは此方之船々も數艘致繋船諸方之船にも不絕

致通船手挾之場所不相應之船高に付闇夜抔は自然不束之儀等致出來聊之儀ゟ萬一事立候譯に共押移候而は曾以不相濟自然彼方ゟ不法之儀有之候共相成丈穩に可取計儀は勿論に候得共當時に而何となく人氣も相立候折柄に付番頭共ヘも別而心配罷在候就右先日兩家申合相伺候通内目御挽入之義尚又相伺度內存に候得共近比御達之趣も御座候得は差付相伺候通り番頭共ヘも深く致心配候然に前文指支之趣を其儘差置候而は當番方年來之規則にも相拘候儀に付不得止事右之趣先以各樣迄及御相談候條得と御勘考被下御賢慮を以番頭共難澁不致通に御取計之御都合共は致出來間敷哉不差立及御引合候條可然御指圖被下度候事

右之趣聞役ゟ中里彌三郎及引合候處異船御番所前を外し繋替之儀は早々取計可相成然にハッテイラにて乘廻之儀は使節共ヘは致勘辨居候得共下賤之者共ヘは申付置候而も相背き何分行屆不申候旨

兼而申出居候に付御奉行所ゟも御達方之儀御評議中之由委細同人ゟ相答候由原静馬御番所江参り又左衛門江及噂候事

〆

去る二日聞役ゟ御奉行所用人迄小書付を以申達置候條ハッテイラ猥に乗廻り不申候様魯人に達に相成候處使節江は承知仕候得共下賤之者共には申付置儀に候得共行届不申儀も有之候段申出候由右之通乗廻之儀猥無之様申付相成候に付是迄ゟは遠慮仕可申候併萬一揚陸いたし候は相成丈仕形等を以穏に差留押而致揚陸候は最寄繋船之公番船之者江其段引合候得は其仁も其處に罷越共に相制可申尤先其仁引請相制可申候勿論右之通に而押而致揚陸候共御番方越度には不相成候併萬々一異人劔抔抜法外之儀等有之候は兼而御心得前之通御取計相成可然旨用人ゟ市郎太夫江相達候由に而昨日御番所江同人罷越又左衛門江及噂候由

○九月四日晝後御作事所ゟ當假木屋損所其外繕に來候而仕掛置候事
一是迄當假木屋ハ新古同役六八一と住居候處依申合二た住居に致候事
一神崎ゟ德太夫六七郎來一昨日相噺置候末吉郎左衞門ハ致噂候處尤之儀に付何れ御臺場請持割之處武右衞門申合相定候樣可致との事に候事
一三好策藏來是迄手附之內ゟ手傳に引分引付置候得共近來異船繋場兩樣に相成番船烈敷御馬廻組ゟ拾五人程足輕頭介にて致番候都合に付手付之處至而烈敷相成候に付手傳引分置候分も兼請持に致し度尤手傳數人入用之節は何つ迚も可遣指支無之哉之趣致噂候に付根元兼請持之處にて大頭ゟ達來是迄之處は內々申合之事に付聊指支無之段致返答置候事
○九月五日宗利專五來神崎石火矢打頭取筒井勘作病氣にて致歸國其跡太田尾スヽレ御道具預大塚吉郎引越右吉郎跡に當所ゟ原忠平引越候樣役所ゟ申來候趣にて明日ゟ爲引越候樣可致然に右代人は何方ゟ參り可申

哉定役ゟ參り不申候はゝ當時介にゐ參候處に取計呉候抔申來
○九月六日太田尾ゟ甚之丞來是迄御臺場請持割書付呉候樣武右衛門ゟ申
談候趣にゐケ所々々取立居候由水ノ浦近邊新御臺場へ同役多人數引け
候に付其後の處當所分左之通相認遣候事

壹ノ増　権一郎　諸平

貮ノ増　庄兵衛　太七郎

三ノ増　啓次郎　庄三郎

一同時甚之丞持居候頭取評議之上御臺場請持割相定居候書付寫左之通に
候事

但略寫なり

遠見御臺場　西泊兩人名
同　戸町兩人名
ス、レ　ス、レ兩人名
此内ゟ四人神崎請持
太田尾住居　太田尾
（此内ゟ三人魚見岳請持に加當時海濱見ケ〆等事多矢張女神住居
但魚見岳波戸先見ケ〆共白崎引け石火矢打一人女神住居に而過人に相成居候得とも前段海岸見ケ〆所有之事故女神之人數へ加尤石火矢打介五人は引付に相成居申候事）　女神八人名
外女神ゟ三人掛請持　魚見岳六人名
太田尾ゟ四人掛請持　神崎拾人名

一晝後啓次郎太七郎太田尾江渡海之上原忠平代人之儀昨日專五ゟ致噂候次第武右衛門江問合候處根元勘作病氣に而御國江歸候跡之儀に付右代

り御國より一人不參內は何方にも御人數一人欠候事に付魚見岳は多人數居候事故乍迷惑助合相勤候樣石火矢打に申談候方可然旨武右衞門ゟ申談候事

一御提燈灯し方先日役所ゟ專五へ七張燈方の處申談居候得共七張にては實用不便利之處有之候に付今五張相增度專五ゟ申出候に付其儀も武右衞門へ致相談候處其邊りは手許見計にて專五へ申談同人ゟ役所へ申出致燈方候樣との事に候事

一左之書付今日彌三太夫方へ指出置候事

覺

當御臺場付急用船去々月十七日白帆注進之節ゟ波止先篝火燒方請持居申候然處追々冷氣相增夜長にも相成候得は不時に粥等認候義間々御座候由日々漕送り等仕候上之勤方にて例白帆之節と違ひ數十日之末何分難見捨置且今程異船間近にも相成候得は爲怠候ては不相濟儀

に付晝食米等御渡上下儀は被出來間敷哉左候はゝ彌相勵出精可仕奉存候此段申上候已上

九月　　魚見岳詰　石火矢役

付札
令承知候兩御番所を初ケ所々々同樣之儀に付遂詮議追而相達次第も可有之候

九月　此付紙は追而彌三太夫方ゟ付來候に付其趣石火矢打にも申談置候事

覺

一御渡方蠟燭夕々本數御極に相成居申候由然に是迄穩成夜には御極通に而可也に相濟居申候得共風立等烈敷夜は燒込候儀多依ケ所候而は餘分之燒込相成候追々夜長にも相成且御挑燈數相減候へは御臺場廻り方之度々手燈灯に而往來仕候得は是迄之御極通に而は彌不足相立難澁之趣石火矢打ゟ申出候間何卒本數御增御渡方に相成度候左候はゝ夕々之處相記現書上仕候樣可申談候

一篝薪も夜長に應し御渡方相増度候

魚見岳詰

九月　石火矢役

付札
令承知候蠟燭受取之儀は已前ゟ燒し掛尻拂之作法に候條渡高極めたると申儀は無之風立强入越候節は其譯を以役所迄申出候はヽ可相渡石火矢打致難澁儀は有之間敷篝薪之儀はヶ所々々同樣之儀に付遂詮議增渡可申付候其旨可被申聞候以上

此付紙は追而彌三太夫云々以下前同文

一木手子新製之分貳拾本渡方に相成啓次郎太七郎請取來候事

一用心繩追々仕ひ切居候分一兩日跡壹束相渡專五請取來候旨申出候事

一原忠平（マヽ）　は引越候段專五ゟ相屆候事

○九月七日御筒手入いたす尤手入用諸品は先日ゟ專五請取居候事

一權之進方ゟ壹番々之面々は御用心米致廻著今日水浦は致水揚候に付拜

借相願候向は名元申出候樣との廻達昨日日付にて今日達來候に付太七郎早速罷越女神同役申合水浦渡海請取相濟此節は俵廻し許り立有之候由也

○同八日中早被差立候旨嘉左衞門方ゟ爲知有之候に付宿狀認寺井茂八郎ゟ書狀添遣す重陽に付嘉左衞門方ゟ當日祝儀に行

○同十日喜多村彌次右衞門加藤九郎太郎根本五三郎參り被居近邊遊歩同道白崎邊迄參候事

八日分
甚九郎方三好策藏和田市之丞相宿五人同道にて當山頂上に登

一嘉左衞門方左之趣御家老中ゟ申來候に付其旨相心得候樣との事に候事

公義御代替に付長崎御番所を初御勤方之儀相替被仰出も有之間敷とは被　思召候得共御當番之義に付御用番樣迄御伺被成候處御先格之通御心得可被成旨被　仰聞候依之是迄之通り彌入念末々に至迄作法宜敷相勤旨

御意に候此段可申入旨被　仰越候事
右之趣御番手中ゟは各より可申聞旨御意に候此段申入候
九月三日　　　　　　　　　　御　家　老　中
御當頭四人ゟ當
寫
一嘉左衛門方ゟ別紙御奉行所ゟ御達書寫昨日彌三太夫御茶屋致渡海居候所播磨殿ゟ被相達候趣にᐧて差送來候に付致承知候樣との旨に候事
寫
當年入津之阿蘭陀定例之通當月廿日當湊に出帆可申儀之處此節魯西亞船滯船に付指問之儀も有之差延追ᐧて出帆申付候積依之右之段御國元ゟ御申越可有之候尤出帆比合之儀は猶相達可申候
丑九月
○
九月十二日太七郎庄三郎同道悴連西泊ゟ渡海昨日御國許ゟ廻著いたし候神通丸に宿許ゟ書狀幷漬物桶壺等送り來候に付請取に行尤今朝河野

市郎西泊〻參候處神通丸ゟ予宿許之書狀受取來候に付相分太七郎も宿元ゟ參り居可申相考參候而直に請取序に啓二郎分も請取候事
但し今日渡海後に嘉左衞門方ゟ右御荷船〻宿許々々ゟ之荷物積來今日西泊〻致揚方候に付請取らせ候樣申來候由也
但宿狀は去る五日之日付也何方も無別條
一直に水浦〻渡海同役住居候御木屋々々〻見廻夫ゟ稻佐崎御臺場〻も拜見に罷越同役兩人致出番居候事尤瀨ノ脇岩瀨堂御臺場〻も罷越積に候處及晚景候に付稻佐崎ゟ直に引取候
○同十三日權之進方左之通達來
今日播磨殿ゟ御呼出にて罷出候處別紙之通從
少將樣御意之趣相達候銘々附屬之面々〻可相達旨被仰聞候に付則相達候條可被得其意候右御禮之義は拙者手許迄可被申上候已上
九月十三日　壹番々

番手守

増人數中

御目録前鹽肴一桶

御意

守衛致太儀壹番々之面々は數日之儀にᅮ猶更致太儀候と被思召候依ᅮ御目録之通被下之候彌無油斷可相勤旨

少將様御意候事

一夕貳ノ増に嘉左衛門方初四五人薄縁抔敷致月見委細日記に認置

○九月十四日嘉左衛門方家賴此節御荷船歸便に被差返草場牧太も其内にᅮ罷歸候に付書狀認實父弁に宿元山下𛀁遣候事

一相宿壹番々三人爲御禮太田尾𛀁致渡海候事

一吉田市六ゟ此節拜領之鹽肴配當可致に付明日西泊迄致渡海候様申遣

○同十五日庄兵衛庄三郎同道太田尾𛀁渡海權之進方へ拜領之御禮に行

一直に西泊𛀁渡海市六御木屋に御臺場々々ゟ集拜領之鹽肴致配當

鱸大小鯛大小致掛分百十一匁宛

一彌三太夫方ゟ假木屋根太落急に御手入之儀書付を以申出置候事

一女神住居同役ゟ當御臺場請持に相成候名元書付次郎左衛門ゟ遣候事

壹ノ增

津田孫平次

貳ノ增

福島文四郎

三ノ增

野間源次郎

一他御臺場請持割左之通に候事

西泊遠見

吉田平八

野間五左衛門

戸町遠見

長田半左衛門

内所中の段北ゟ五番木屋也

スヽレ

同所住居

女神

同所住居

岩瀬道

但水ノ浦住居

安部孫七

梶原八太夫

栗原與八郎

伴次郎左衛門

野間又六

大森圓太夫

吉崎清右衛門

阿部専之丞

横田惣六

杉茂平

高木仁太夫

柴田直次

松尾又九郎

大鳥崎
瀬ノ脇　兼
水ノ浦住居

船津崎
水ノ浦住居

佐藤外衛
福島兵蔵
久佐彦左衛門
久佐孫兵衛
太田七右衛門
井上庄左衛門
安川榮
末田喜太夫
桑原彌七郎
大森與左衛門
櫻井文之丞
根中保兵衛
櫻井源十郎

九月十七日中早差立候に付宿狀幷清水善藏ゟ書狀遣候事

一宗利專五ゟ相宿渡邊茂兵太と柴田丈作依都合振替候段相届尤其趣は同役頭取手元大頭役所ゟも相貫居候段申來無程丈作も來相届候事

○同十八日神崎ゟ渡海悴も連行六太夫殿御木屋ゟ初に行然に兼而蘭學稽古被　仰付候當津ゟ致滯留居候御醫師河野養立頃日六太夫殿木屋ゟ參候節蘭法之算術御同人ゟ相傳同所詰同役も習居候由折柄田隅六七郎參り掛り候に付予にも敎候樣六太夫殿ゟ六七郎ゟ噂有之候に付同人ゟ八算之工合且見一ノ百目十六割丈相傳候三桁物四桁物は養立も未た不存由近日養立習に而敎に參筈之由然に予即座致工夫居候處四桁に而も五桁に而も割掛之工合致出來候處此度は六七郎に敎置候樣六太夫殿噂有之候に付早速六七郎ゟ敎置候事

一夕嘉左衞門方ゟ參居候處左之通廻文有之拙者共ゟも心得方之儀に付被爲見候事

去る十三日御奉行水野筑後守殿ゟ桐山市郎太夫御呼出之上御内話有之候由にて別紙書取市郎太夫ゟ指出候分又左衞門ゟ相達候に付則爲御承知指廻申候已上

九月十八日　六太夫

嘉左衞門樣

彌左衞門樣

尙以權之進ニは承知に付致除名候已上

九月十三日水野筑後守殿ゟ佐嘉聞役一同御逢御演説御座候は魯西亞船渡來已來追々家賴共を以御談申候通爲運動養生ハツテイラ乘廻り等其外色々得手勝手之願等いたし不相濟儀に候乍去右を此方ゟ一向聞立不申候ては浦賀ニ可參申出候當表之儀は年來之御備有之斯之通嚴重之御手當に相成居候得は御兩家にて屹度十分之御業合行屆候儀にて取計方致能候得共承知も可有之當分其取計に相成兼候次第にて

江戸ゟ右船之儀當表ニ繋居置候樣御沙汰に相成居致兼候儀而已に有之當分之處浦賀ニ差遣候而は奉行ゟして不相濟不得止事支配向家來共にも成丈勘辨を加へ兎角穏に致取計候樣相含置候右等之邊奉行ゟ餘りゆるかせに有之候樣於御當方可有之心得候得共前に申候通之次第に有之既に七日八日跡は異人共も少々穏之樣子に相見候處近日頻にハッテイラに乘廻り且又先年之例に依て揚陸之儀每度願出尤場所相極め差免候上にて右樣自儘之者共に付是丈にては養生に不相成旨と申立尚又百間貳百間と只樣願廣め候樣相成候而は不埒之儀いたし兼候儀に付兩條共に指免候筋に無之候得共其段申渡候はゝケ樣之六ケ敷場所に有之候はゝ必定浦賀ニ參候段可申立就而は不及是非兩條之内彼と是と輕重相量候得は乘䑺等爲致候半而は不相納一昨日なとは致乘䑺候節艫櫂等打當候而は不相叶趣にて指出置候役船之碇を異人共ハッテイラゟ自儘に引上け脇ニ遠退け碇を入候趣にて役船乘組

之者共腹に居兼候趣に候得共致勘辨罷在候由其節取計方に依ては其日限手切に相成忽ち戰爭共可相成儀に候乍併右は其儘にも指置候筋に無之使節相心得罷在儀に候哉又は差圖にて取計候哉撿使を以問合候處心得罷在候由惣て彼者ゟ申出候は何れ之番船とは不相分由に候得共頃日ゟ乘廻等いたし候節付纒ひ來棒を投掛け又は水を汲掛或は大聲にて呼掛け同音に相笑候儀等有之甚恥辱に相心得候由水夫共每度申立候乍去彼者共式之申出候事に付間違も可有之其分に致置候處近頃二番船ゟ士官之者召呼ハツテイラゟ參候處大聲を上け一同に相笑候に付ては水夫共申立候儀も全間違共難申此方而已之不法計にても無之段相答候右は向方ゟ申出候儀に付左樣之儀有之儀とは不被存候尙また碇引上け不法之次第等問合いたし置候今暫之處致堪忍居其內勇氣を貯置後々之業合に相成候ては全勝利之譯歟と被存候右之段私共相含居可申旨御演說有之引取申候上にて右演說之次第は事柄に

付大意御書取にᅲ被相渡旨用人を以申乞置候得共書付にᅲは角立殊に是迄之通相替儀も無之大圖を申候得は御勘辨を被加穏之御取計有之度儀にᅲ奉行ゟ之演説御內々とは難申候得共御內含迄に被相咄候事に付書取にᅲは難差出旨御挨拶に御座候事

〆

○九月十九日御飛脚著候由にᅲ宿狀來加瀨加平ゟも書狀來

一阿蘭陀船夥敷致船飾居候

一浦賀表之儀にᅲアメリカゟ指上候書翰之趣等江戶ゟ來狀之內今日寫取別本にᅲ添置候事

○九月廿日吉田市六ゟ左之通廻狀にᅲ來前文略す

當貳番々當り之御面々非常渡苦勞銀三十日分鑑札今日彌三太夫方ゟ被相渡候に付御印判御持參にᅲ右御受取今明日間御渡海可被成候尤金子は御茶屋役所にᅲ引替有之候間御茶屋御渡海之御覺悟にᅲ御出

可被成候
一嘉左衛門方ゟ天氣模樣惡敷節は暮合に御幕御旗共取入置候方可然との事に付宗利專五江も申談置候事
○同廿一日庄三郎同道悴連西泊渡海市六所にて非常苦勞銀鑑札請取夫ゟ直に地方御茶屋渡海桐山市郎太夫方へ參夫ゟ御茶屋役所にて鑑札差出金子貳兩請取候事

小非常苦勞銀可被相渡候事
一金貳兩
御勘定所

一序に加藤三郎左衛門方詰所上野右內詰所江も見舞にて八ッ比引取候事
一御臺場御筒築土俵數日に相成朽損候に付左之通彌三太夫方江申出置候事

一空俵繩共　八拾俵
九月　魚見岳詰

役　号

一拙者共住居仮木屋為手入山崎文右衛門忰峯太郎日雇召連来家上棟高め吹直し其外根太繕等いたし候事

○同廿二日諸平申合戸町に渡海庄三郎并忰も来白崎御道具類御非番所渡已後戸町御道具倉ヽ入込有之候に付相改尤白崎御道具預上村市郎次も致渡海御籏竿六本共不相見候に付極而内目水浦邊之御臺場ヽ取用に相成居可申其内鐵番ヽ問合見候様市郎次ヽ申談置候事

一徳左衛門方七十郎方其外孫七半左衛門木屋ヽも見舞候事

○九月廿三日蘭法算術追々相調子居候處今日平方致成就候事

一古賀多文次來一昨日御飛脚便に左之通被　仰付候由にて吹聴に来

足軽

古賀多文次

年来地旅共出精同勤質素に有之同勤中熟和に申合年若之者共引立

方も宜候に付何れも能致歸服且砲術男業相勵志を相立候段彼是相達及御沙汰候依之爲御褒美米三俵頂戴申付候彌出精可相勤候事

○同廿四日兼而申出置候空俵八拾俵專五請取に行急用船浦船にて積來

一彌三太夫方權之進方連名にて壹番ゟ同役之內其外非常立之同役は達來各事依御人繰自然は三番〻をも被相勤候樣被　仰付儀も可有之候御治定之儀は追而可被相達旨於御國許去る廿日御月番久太夫殿被相達候旨同役中ゟ申越候其心得可有之候已上

九月廿四日

名許左に略す

兵　藏　　七右衛門

惣　六　　彌七郎

直　次　　喜太夫

又九郎　　六右衛門

茂　平

以上　本番

喜三太　諸　平

清右衛門　文之丞

太七郎　作之進

利左衛門　啓次郎

庄左衛門　榮

專之丞　孫平次

與八郎

以上　加番

○九月廿五日昨日相渡候空俵今日土俵拵致候に付土取場之儀申合御筒敷板下之土取候はゝ御筒掛りも丈夫に可相成御筒上け卸等は今日參居候浦船急用船之岡役に家來共相加ね石火矢打ゐは申談宰判仕候而は如何

可有之哉嘉左衞門方ニも相伺候處見込次第可然との事にて嘉左衞門方
乘船ニも兩人手人一人も加勢に參候に付何も申合致宰判一二三ノ增に
て危き程高く相成居候敷板の下土取除土俵に爲作敷石等仕置し都合八
挺致成就甚丈夫に相成嘉左衞門方も見分有之場所にて石火矢打中ニ酒
被出夕には同役何れも參候樣との事にて酒肴等出候事
　但築土俵は御筒相應に配當仕整置
一御奉行所より聞役ニ被相渡候御達書寫聞役より番頭衆へ廻達に相成候寫左
之通
　武藝稽古之儀武備專要之折柄に付去月廿三日より武藝稽古鐵砲打試
　等相始不苦候旨遠藤但馬守殿被　仰渡候段從江府申來候間爲心得
　相達候
　　丑九月
一黑田三左衞門殿より新古番頭衆ニ達來候段嘉左衞門方より被爲見候寫左之

通

少將樣長途益御機嫌能去る廿一日被遊

御著城候段申來候此段申進候已上

九月廿四日

猶以此許爲　御越座今廿四日　御發駕來る廿七日　御著崎被遊筈

之旨且又御番所初

御巡見之御都合等は　御著崎之上被　仰出筈に候段も申來候此段

爲御承知申進候已上

○九月廿六日近々御越座に付御臺場内道作掃除爲致候に付急用船浦船之

者共岡役に上候樣申付專五に宰判申談見分もいたし候事

一西川吉郎左衞門來今度　御巡見之節非常中之儀に付同役波戸出方當所

之處は御臺場掛放れ候に付御木戸外貳ノ增入口ゟ出方致可然且又石火

矢打ゟ請持御臺場々々ゟ出方致平伏候樣と之趣權之進方被申談猶嘉左

衞門方ゟは御同人ゟ掛合有之趣噂いたし候事
一夕嘉左衞門方ゟ呼に來此節　御巡見に付出方之儀非常之折柄に付御臺場明け難く波止出方之處は相止御木戸外二ノ增石垣下ゟ出方家賴差物爲持何れも召連候石火矢打ゟは手傳共請持御臺場ゟ致平伏候樣勿論何も出張裝束之儀且不敬筋無之樣可申談旨被申談候事尤石火矢打頭取ゟは波止ゟ罷出居候而　御上り之節御先拂致其跡に同役頭取夫ゟ嘉左衞門方御案內有之趣も被申談候に付每事專五ゟ申談置候事
但御足輕頭ゟ手付召連波止出方之儀も一同被申談其外大組衆御醫師小船頭も波止出方何れも家來々々召連差物等爲持候趣に候事
右之通無禮陪臣　御目通罷出候起りは先夜嘉左衞門方夜話之節一體御巡見之節は御足輕も其ヶ所々々波戸ゟ罷出致平伏候樣有之度左候はゝ何れも長崎御番難有可奉存申出之候處御同人之存念致符合尤此節は非常出張中之事に付銘々請持之場所ゟ罷出致平伏候處に一己之居り有

之萬一不心得に成行候はゝ一人之罪可蒙候之含之由噂有之候然るに追々被考候處何方も同樣之事に付今朝先六太夫方江存念被相噺候處大に御同意に而家來々々も召連候方可然と之趣に而殘り番頭衆江も噂有之候處不殘同意に相成候間今に而は番頭中申合右之通に相成候處に相心得候樣と之趣に候事

○九月廿七日上村市郎次來此節就御巡見御旗致不足候に付白崎分六流明日一日御用借之義鐵番ゟ申入候に付預り書請取相渡置候段申來火急之折柄に付御用便と存承置候事

同所御旗竿之義鐵番江市郎次ゟ問合候處内目へ取出候節繁難〔雜カ〕にて長刀岩分と存取用居可申段相斷追而返納可致趣致噂候由に候事

一御巡見之節白崎口戸町口往來留之儀例は石火矢打ゟ押居候得とも此節は御臺場江罷出候事に付如何可致哉嘉左衛門方江相尋候處如何樣共取計候と之事に付附船六挺ゟ兩人取可申段致噂候處可然と之事に候事

一嘉左衛門方初相宿申合御臺場幷道筋可致見分何も出方場所をも相極置石火矢打ニも重疊申談置候事
一御奉行大澤豐後守殿交代近寄候趣にゐ嘉左衛門方ニ酒肴送來候に付何れも參候樣との事にゐ披き有之候事
右は御奉行交代前にいつも番頭衆ニ右之都合有之由尤御茶屋迄使參候由
一少將樣今日　御著崎被遊候事
一左之面々御番所御臺場等拜見相願隼人殿御聞濟に相成候に付拜見之都合宜被取計候樣御用人衆ゟ新古番頭衆ニ達來候趣嘉左衛門ゟ被申談候に付石火矢打頭取ニも名許書付遣申談置候事
女神御臺場ニ相詰居候
實家之兄渡邊要人ニ對面之儀相願聞置相濟
岩谷彌一郎

宮村眞八郎
志田長十郎
大野辨太郎
守田守
寺井彌平太弟
寺井茂
鎌田八太夫付添罷越
讃井屯悴
讃井鍖藏
山内全一郎悴
山内俊郎
高木彌八郎付添罷越
吉田奥右衛門悴
吉田權一郎
加藤七郎左衛門付添罷越
○九月廿八日今日　少將様御奉行御對話被遊候事

一宿狀其外數通認候分地方詰上野右内ゟ當又御茶屋付浦田七藏へ當候而庄三郎太七郎御座船引に賴遣候事
一實家一族坂尾作次郎來此節　御供にゐ參候由安否等承候事
一兼而申來候御臺場拜見之面々來申合引廻候何れも定府之由也
一當所波戸ゟ道筋雁木手入專五急用船浦船之者召遣相仕舞
一夜半嘉左衞門方ゟ權之進方ゟ左之通廻文來候由にゐ被申談候事
少將樣明廿九日六ッ半時御供揃にゐ西泊御番所を初別紙御順道之通御巡見被遊候旨被仰出候段御用人ゟ彌三太夫迄被相達候各樣ゟは手元ゟ御通達致候樣申來候其御心得御付屬之面ゟも御一隊限御達可被成候尤戸町魚見岳ゟは爲　御名代隼人殿被相越候旨をも申來候此段爲可得御意如此御座候已上
九月廿八日
御番所

御巡見御順道

御居間波戸ゟ　御乗船西泊遠見邊にて
御通船に　御乗移西泊表波戸ゟ　御揚陸中老大頭居木ニ被爲入裏波
戸ゟ　御通船に被爲召ス丶レ御臺場波戸ゟ　御揚同所御石藏間道
通り太田尾御石藏同所御臺場御都合次第間道神崎ニ御出被遊　御
引返ス丶レ御臺場ゟ　御廻船に被爲召西泊裏波戸ゟ　御揚陸御通
り拔同所表波戸ゟ御通船ニ御乗船無程御本船ニ御乗移御歸座被遊

一差物は家賴に爲持罷出候樣嘉左衛門方ニ被申談候得共武器臺飾付之處
申合相尋候處夫にても可然との事に付持鑓一同飾付に相決候事

〇九月廿九日六挺ニ申遣候處法皮にて兩人來候に付場所致指圖往來留申
付置候事

一御幕御籏共破候分は昨日專五大頭役所ニ渡海新之分今日一同之處請來
候に付早朝より張替させ候事　置札も添置候事

一女神住居當所請持之三人には昨日申談置候に付何れも揚り來候事
一五半比御茶屋下　御出船之御模樣に付何れも御木戸外ゟ罷出居候處兩御番所中央に繫り居候異船帆引上け沖手に出候に付何も請持御臺場ゟ參居候處高鉾前本船之脇ゟ碇を入候に付何れも御木戸外貳ノ增石垣下ゟ相控嘉左衞門方共御足輕頭共々波戸に被參候事
何れも家賴召連
一異船繫替に付如何之都合に候哉飛船を以撿使警固寺田八太夫ゟ問合有之撿使ゟ爲問合候處急に繫替候樣被申付たると相答候由に候事
一少將樣四ッ比西泊遠見下にて住吉丸ゟ御通に被爲召候て夫ゟ西泊　御揚陸夫ゟ御順道付之通にて間道通神崎迄御出夫ゟ　御引返にて太田尾ゟ御通に被爲召戸町ゟ御出無程被遊　御歸船候事
右に付太田尾御通行之節御往來共見合御禮申上候事
一御名代隼人殿は女神計御上り當所も見流に相成候事

一尾形喜六當所ゟ揚り來異船之模様寫取被　仰付候由にて二ノ增にて暫
時荒寫いたす三好策藏兼て委敷寫取候を嘉左衛門方ゟも寫に相成居候
分喜六持歸猶又策藏ゟ模様等委く申傳候事
一御巡見後新古番頭衆代り被合御茶屋ゟ被罷出候様申來居候由にて初立
矢野加藤淺山櫛橋後立山路郡立花山内渡海有之候處
御目見後　御前ゟ被罷出候處左之通り之
御意にて御手自拜領有之候由
此節異船渡來に付數日守衛中致身勞候に付不取敢陣羽織頂戴申付
候
右に付同夕何も被相招祝有之陣羽織地は八人共羅紗夫々色變之由也
一帆足武平此節御供にて罷越候由にて宿状入之手紙來尤武平ゟ此節異船
之繫場入津砌ゟ當時之處をも委敷相認候様文化之度は繪師をも被差越
候得共今度は最早出帆も可致哉寸度目當も不相定所ゟ態々畫師被差越

も御無益之儀故其儀無御坐樣子に候間何卒認置候樣去る方ゟも申達候
處何れ大頭衆ゟ咄合可置と之儀には候得共此繁雜にては些無覺束候間
此段掛合置と申趣申越候事

○十月朔日曇天雨に成雷鳴度々夜に入雷鳴烈敷候事
少將樣當津　御出發被遊候事
一相宿申合嘉左衞門方ゟ肴一鉢進す今日改て祝儀に參る　小袴致著用
一嘉左衞門方ゟ相宿中打揃幸之儀に付左に
御意達被相達候事

增御人數
惣御番手中

御意

今度魯西亞船渡來に付此元ゟ被指越置何も出精致太儀候旨被　思

召候事
金百疋充頂戴被　仰付
一壹番々ゟ之面々は文面左之通御金子は同様に候事
壹番々
御番手中
御意
此元ニ被差越置今度魯西亞船渡來に付而は何れも出精永々在番別而致太儀候と被思召候事
右之外大組衆ニは御酒に御肴半禮以下青銅三百文御加子水夫貳百文宛
一御奉行所ゟ播磨殿ニ御達書寫を以嘉左衛門方ゟ被申談候事
去月廿九日魯西亞船當湊ス、レ邊ニ繫替申付置候處今朝尙又以前之場所ニ繫替候間爲心得相達候
丑九月

魯西亞船去月廿九日當湊スヽレヿ繋替申付置候處今朝以前之場所に猶又繋替候に付先達ゟ之振合に被相心得稲佐岩瀬道郷御臺場幷御備筒大浦出崎地所高木作右衛門大村丹後守家來ヿ可被引渡候
右之趣番頭衆ヿも被相達尙又被相伺候儀も有之候はヽ其節可及指圖候尤御非番方ヿも可被申談候
丑九月

〆

一三好策藏來今日彌三太夫方御木屋ヿ參候處此節魯西亞船入津砌之御備等之模樣幷其後繋船替候節之模樣拙者申合繪圖仕立候樣少將樣被　仰付候旨御用人衆ゟ大頭ヿ被相達候に付其心得にゟ相仕立候樣呼出申談筈に候得共幸參り掛候に付拙者ヿは策藏ゟ申談候樣と之趣且又紙畫の具筆等は入用次第申出候はヽ役所ゟ可相渡旨をも被申談候段致噂候事

一夕嘉左衛門方御陣羽織拜領之祝相宿中をも被招相祝候事

○十月二日漸々晴

一四ッ時過沖之方に筒音聞え候に付貳ノ增御臺場ゟ參伺居候處追々火音相聞高島邊伊王島四郎島ゟ打次無程小瀬遠見ゟ旗引上け松二本立相圖打有之深堀之注進船吹貫振致通船候に付何も出張女神住居之三人も上り來九ッ過五島通りに白帆相見風惡敷故入夜白崎神崎間に碇を入候運送船と相見候得共御達も無之に付夜中御挑灯十三張相增燈方爲致候事

一夕權之進ゟ嘉左衛門方へ左之通掛合來候由にて兩通共被申談候事

今日渡來之異國船ゟ撿使兩人乘移相糺候處先達て致出帆候魯西亞運送船之旨申立候旨撿使ゟ警固出張寺田八太夫ゟ相達候旨相届候條爲御承知申述候尤御附屬之面々ゟは例之通御達可被成と存候此段爲可得御意如斯御座候以上

十月二日

當年八津之阿蘭陀船壹艘來る十五日比當湊出帆被申付候旨水野筑後守殿被相達候播磨殿ゟ彌三太夫ニ被相達候各樣ニは手元ゟ及御通達候樣申來候御附屬之面々ニは毎之通御一隊限御達可被成と存候此段爲可申述如斯御座候以上

十月二日

〇十月三日庄兵衛父子太七郎頃日拜領物之爲御禮西泊太田尾ニ致渡海候處又々鹽小鯛をも拜領被　仰付置候由にあ拙者分も請取來致頂戴候事

一嘉左衛門方ニ權之進ゟ左之通掛合來候由にあ被申談候事

稻佐崎岩瀨道鄕御臺場今二日高木作右衛門殿ゟ可被請取旨申來候段聞役ゟ申出候に付同日可引渡旨昨日播磨殿ゟ德左衛門彌三太夫ニ被相達候末昨日來之天氣合にあ御備付に相成居候御筒取下方等不致出來候に付晴次第事々相整候上にあ引渡日限等は從是申出候樣可仕趣播磨殿ニ聞役を以相伺置候處御聞置相成候右に付作右衛門殿ニ前段

之趣聞役ゟ申達置候趣に付各様ニは拙者ゟ及御通達候様申來候此段

爲御承知如此御座候以上

十月二日

一新古番頭衆ニ播磨殿ゟ左之通達來候旨にて嘉左衛門方ゟ被申談候事

昨二日夕水野筑後守殿ゟ聞役御呼出にて同日異國船一艘渡來に付被

相糺候處先達て當沖致出帆候魯西亞國運送船にて粮食積乘致再渡尤

類船無之旨申立外疑敷儀も相聞不申旨被相達候段桐山市郎太夫ゟ申

出候就右守衛向之儀猶又嚴重可被相心得此段申入候以上

十月三日

○同四日太七郎啓次郎庄三郎水浦岩瀨道鄕稻佐崎邊ニ渡海に付悴も指添

遣候事

一昨日江府ゟ走り飛脚到著にて御奉行所ニ播磨殿御呼出之末侍中早飛脚

御國許ニ御指立にて今日御右筆中頭取大野平内地方出立之由に候事

○十月五日諸平啓次郎同道悴連兩大頭ゟ御金子頂戴鹽小鯛拜領之御禮且又中老衆大頭衆ゟ御陣羽織地拜領被致候祝儀旁西泊太田尾神崎ゟ渡海一播磨殿ゟ彌三太夫方へ左之通達來嘉左衛門方ゟも權之進方ゟ廻文來候由に付寫置

番船引拂方申出之通早々引拂可被申候且又岩瀨道鄕稻佐崎御臺場明四日四ッ時高木作右衛門殿ゟ可被請取旨申來候由に付其心得引渡可被申候右渡順道は岩瀨道鄕稻佐崎と申順に可被受取由に付其心得可有之候右岩瀨道鄕ゟ從　此方樣御取建相成居候木屋是迄之儘御引渡相成度作右衛門殿ゟ御相談有之趣に付支筋も無之候はゝ右御相談通假木屋是迄之儘引渡可被申候此段申入候番頭中ゟは貴殿ゟ委細可被申談候以上

十月三日

○十月七日嘉左衛門方ゟ口達にあ

少將樣御下國之節高野江御立寄被爲遊候處摩利支天之御守札指上候由右に付此節非常御番手中江壹枚充拜領之　思召に被爲在候得とも多人數致不足候に付一と住居に一枚宛御渡に相成候旨にて相宿六人兩住居に付貳枚頂戴之被申渡外に壹枚は石火矢打一と木屋分御手許ゟ申渡候樣との事にて被相渡候間直に呼出右之趣意を以御札相渡候事

一庄三郎西泊江渡海頂戴之御金子相宿分市六ゟ請取來候事

如此

金子　百疋

一宗利専五吹聽に來候節爲見候御書付寫左之通

此節被遊　御越座魯西亞船滯留に付何も出精致太儀候旨達御聽候依之青銅三百文宛被下候事

一御浦役所小使榮次と申者昨日實父ゟ之書狀持參今日致出立候段申居候に付宿狀實父江之返書認御浦役所江庄三郎西泊渡海之節賴置候事

○十月八日中早立之儀市六ゟ昨日爲知來候に付今日頼遣宿狀幷帆足武平江之狀也

○同十日朝飯後ゟ三ノ増御筒敷板下地下ヶ致し仕掛直す尤石火矢打江も申談浦船急用船ゟ三人宛相宿中家頼迄申付仕掛り居候處雨降出候に付晝切止

○同十一日昨日仕掛之御筒敷板直し今日不殘相濟尤晝比相宿中ゟ石火矢打幷岡役相勤候浦人江酒三升鰯大根遣取込之義に付岡役之者共江爲飲方は可然取計吳候樣專五江申談且又家來共江も酒肴等相宿申合遣候事

但嘉左衞門方にも見分有之度申入候處早速見分有之御筒掛り丈夫に相成候事右取扱之節一ノ増壹貫目（此方樣分）五百目（佐嘉納分）車臺跡車の軸折損候に付相改候處壹貫目は軸木切繼有之分相離れ五百目は朽居候處折損何も御用達不致候に付明日申出候處に申合候事其趣は嘉左衞門方江も申達置候事

一夕嘉左衛門方ゟ參居候處左之通權之進方ゟ廻文來候に付直に被申談候事
少將樣此許　御越座之儀別紙之通黑田三左衛門方ゟ彌三太夫迄申來各樣ゟは手元ゟ及御通達候樣との儀に付則別紙爲指廻申候尤御附屬之面々心得方御手當向等之義は例之通御一隊限御達可被成候此段爲可得貴意如此御座候以上
十月十一日
以手紙申入候
少將樣此節阿蘭陀船就歸帆御番所爲御見廻昨十日御國元　御發駕唐津通　御越明後十三日　御著崎同十四日　兩御番所初　御巡見被遊筈に候旨御到來有之候尤　御巡見御都合は　御著崎之上被　仰出筈に候其心得可有之候且又此節　御越之節別紙之面々御番所初拜見之儀相願又之進殿聞置相濟候由に付拜見之都合宜可被執計候則名付差

越之候右之趣聞役江も申談置事に候御番頭中江は貴殿ゟ夫々可被申談候以上

兩御番所初御臺場々々拜見相願候面々名許

福屋等

安田作左衛門

井上六之丞

鎌田權之丞

味岡園右衛門

彌藏悴　岸原彌一郎

東作悴　葛惣藏

小十郎悴　今村眞一郎

彌左衛門悴　尾崎友吉

孫藏悴　齋村佐平

小川靭負召連

宮崎織部召連

古藤作太夫召連

彌左衛門召連

孫藏召連

田尻才八召連
嘉右衛門忰
小野嘉平
青木春澤召連
休庵忰
湯淺休甫
九郎次召連
九郎次忰
長濱信
德末文右衛門召連
平之進忰
守屋定
齋藤五六郎付添
手塚小吉郎
齋藤五六郎召連
茂七郎弟
鈴木元次郎

一昨日　御奉行所ゟ聞役御呼出之上左之御達書二つ被相渡候旨にて聞役ゟ御番頭衆い來候寫
內藤紀伊守殿御事去月十五日御本丸い被召連用番加判可相勤旨被仰出之鳥居丹波守酒井右京亮儀も被召連御本丸可相勤旨被　仰付候段從江府被仰下候間爲心得相達候
丑十月
荷船之外大船停止之御法令に候處方今之時勢大船必用之儀に付自今

諸大名大船致製造候儀　御免被成候間作用方幷船數共委細相伺可請
指圖旨被　仰出候尤右樣御制度御變通被遊候も畢竟　御祖宗之御遺
志御繼述之思召ゟ被　仰出候事に候間邪宗門御制禁之儀は彌以先規
相守取締向別而嚴重可被相心得候

九月

右之通萬石以上之面々に被仰出候間可被《マヽ》其意候右之趣從江府被仰下
候間爲心得相達候

○十月十二日庄兵衛西泊渡海之上左之通申出置候事

一御旗不殘損

内八流は可也取繕唯今取立居候分

此方樣納

一壹ノ增　壹貫目車臺軸折損

佐嘉樣納

一同所五百目　右同斷

〆　　役號

右申出候口々は　御巡見之節不見分不都合にも可有之候間彌三太夫方幷市六江も問合筈に候得共兩人共他出に付五左衛門江申談引取居候處女神にて市六江出會致噂候處何れ明日御筒車臺等之寸尺取致渡海候はゝ水浦に有之車臺取土掛替置候樣可致御繫は鐵番江引合相調子可然趣申合有之候事

一三好策藏申合一ノ增小番所にて被　仰付候異船繫場其外御飾向畫圖仕立取掛候事

○同十三日風雨烈敷候に付晝後庄三郎太七郎西泊渡海夫ゟ水浦へ參車臺相調子明朝未明致渡海處に申合積方は急用船可然相見込尤貳挺之儀に付壹艘は大組頭付急用船相談可致岡役等之都合市六手許にて可取計置申合引取候事

一夕嘉左衞門方ゟ參急用船之儀借受度申入候處指支無之旨被相答手許ゟ申付呉候樣將又石火矢打ゟも右之次第申談急用船遣方之儀且又石火矢打壹人未明ゟ出崎之覺悟致候樣申談御幕張手傳夫は浦船へ可申付趣をも申談

一左之趣嘉左衞門方ゟ被申談候事

御奉行ゟ聞役御呼出にて當年は
公義御中陰中且魯西亞船も致滯在候に付來る十六日阿蘭陀船出帆之節祝砲致間敷旨加比旦ゟ申渡相濟候旨御書付を以被相達候段播磨殿ゟ申來候此段爲御承知相達候以上

十月十三日

御越坐之節左之面々御番所初拜見之儀相願又之進殿御聞置相濟候旨
黑田三左衞門方ゟ彌三太夫迄申來候段權之進ゟ申來候

坪田三之進

澤木五郎右衛門
新市悴
越知新之丞
三伯二男
筑紫意伯

戸田新七召連
三伯召連

一夜半過嘉左衛門方ゟ左之通權之進方ゟ廻文來候段被申談
少將様明十四日五時御供揃にて兩御番所を初別紙御順道書之通
御巡見被遊候旨被　仰出候段今日拙者御茶屋渡海中御用人ゟ被相達
候各樣ゟは拙者ゟ及御通達候と之趣に御座候其御心得御附屬之面々
ゟは例之通御一隊限御達可相成と存候尤女神太田尾ス丶レゟは御名
代として又之進殿被相越候趣をも被相達候此段爲可得御意如此御座
候以上
十月十三日
尙以左之面々　兩御番所を始拜見之儀相願候處又之進殿御聞置相濟
候旨をも御用人ゟ被相達候此段爲御承知申述候已上

宮崎織部
衣非三郎左衛門

御巡見御順左之通
西泊御番所
戸町御番所
魚見岳貳ノ増　一ノ増　三ノ増
神崎　三ノ増　二ノ増　一ノ増
新御臺場

○十月十四日晴天未明ゟ太七郎庄三郎石火矢打一人同道西泊渡海御幕御旗は石火矢打ニ爲請跡ゟ參候樣申談置直に岡役召連水浦ニ致渡海車臺貳挺爲取出急用船兩艘ニ積込尤岡役不足に付急用船ゟも爲致加勢五ツ比當所ニ持上け直に御筒掛替可致候御作事方ゟも一人參是迄之車臺は

二挺共先御道具木屋江入置候事

　但御幕御旗共石火矢打ゟ張替候事

一少將樣四ツ比西泊御著夫ゟ戸町江御渡海九ツ比當所江　御揚陸貳ノ増に而暫く異船之模樣等遠見鏡に而被遊　御覽嘉左衛門方彌三太夫方江も色々御尋事等有之餘は　御見流に而無御滯御下り九ツ半比御本船に被爲召御歸船に相成候事

一西泊御著船前ゟ水浦女神仕居之同役追々渡海に付御臺場請持割左之通申合小書付に而嘉左衛門方江も差出嘉左衛門方幷御足輕頭兩人手付其外家來共被召連波止江下りに相成其外大組衆小船頭御醫師も波止出方有之同役は何れも御木戸外石垣際に罷出石火矢打は手傳共請持ケ所々々罷出家頼共は後口手狹に付三ノ増下り口道筋に平伏爲致候事尤同役ゟ兩人申合家《マヽ》共前々御往來共罷出押居候事

　但往還筋兩口へは六挺江船名申談御加子兩人往來留申談置候事

尤平常は石火矢打ゟ人留に參居候得共此節は何も請持ヶ所々々ゟ罷
出候事に付右之通六挺ゟ申談法被脇差帶に候樣申談石火矢打頭取は
波戸へ罷出
御往來共御道先拂心ゟ大先ゟ參其跡に嘉左衞門方御案內有之

壹ノ增

福島兵藏
杉　茂平
井上權一郎
松尾又九郎
柴田直次
大西諸平

今日水浦瀨脇御臺場
當番
三ノ增

太田七右衞門
太田啓次郎
飯永庄三郎

今日瀬脇御臺場南番に而
同所出方
貳ノ増
今日引入

野間源次郎
久佐彦左衛門
久佐孫兵衛［付紙］吉田市六
飯永庄兵衛
齋藤太七郎
井上庄左衛門
安川榮
福島文四郎

津田孫平も當所請持に而參居候へ共今日ゟ女神請持ハ加り引取候事
一御名代に而神崎には又之進殿被相越候事
一御巡見無滯被爲濟候に付嘉左衛門方にも歡に參候事
○十月十五日朝曇少々降漸々致快晴
一正五ツ比小瀬遠見ハ白旗上け高ハも松貳本相立候而無程五ツ半比所々

相圖打有之深堀之注進船も致通船候に付何れも致出張女神水浦ゟも同役追々渡海西泊ゟも彌三太夫方市六五右衛門渡海大組衆へも追々渡海有之四ッ比伊王島沖に相見九ッ時比高鉾前に來小形之異船壹艘おろしや國如此印引上け蒸氣船之模様に而始終白煙黒煙立候得共先度之蒸氣船とは少し船形違候様に相見滯在之魯西亞船之間に碇を卸候事未た達は無之候得共旗印も相見へ蒸氣船之模様に付彌三太夫方初他所之同役も追々引拂候事

一宿狀相達十月六日之日付無別條返書は今日相認幸に白石七右衛門弟參候に付加瀬加平方ゟ達呉候様同人にも書狀認相賴置候事

一夕嘉左衛門へ左之通申來候由に而被相達候事

渡來之異國船へ撿使兩人乘移相糺候處先達而致出帆候魯西亞火輪船之旨申立候此段御達申候

一西泊同役兩人も當所今日ゟ請持に付相加候様との事に付申合市六は二

ノ増五右衛門は一ノ増に相加昨日嘉左衛門方ゟ遣置候名付と今日前に
有之通に付紙致指出置候事
一左之面々兩御番所御臺場拜見又之進殿御聞濟之義達來候に付石火矢打
ゟ申談

古藤作太夫
齋藤杢左衛門
安田又三郎
杉山清太夫
德末文右衛門
村岡六郎助
中上六郎右衛門
牛原卯右衛門
添田榮

安見市郎右衛門
島　八左衛門
柚木杢太夫
中村　到
山本藤十郎
岸原惣太夫
貫　六次郎
西川善兵衛
木戸卯衛門
西川九平
重村杢郎
長沼六郎次
西田藤太夫

西川善内
木戸卯平次
陶山小八郎

○十月十六日早朝紅毛船直出帆何も出張水浦女神同役も致渡海候事
一御臺場拜見之向十三人來申合致案內名許は前に有之分ににかん致置
一嘉左衛門方ゟ呼出有之左之趣被相達御禮は申上相成居候に付直に御同人ゝ申上る
此節被遊
御越座魯西亞船滯留に付何も出精致太儀候と被
思召候依之左之通拜領被　仰付之旨
少將樣　御意に候事
鹽小鯛
去る十五日夕御奉行所ゟ聞役御呼出にて同日異國船壹艘渡來候に付被

相糺候處先達ゐ當沖致出帆候魯西亞國蒸氣船にゐ致再渡尤類船無之外疑敷儀も不相聞旨被相達候右に付守衛向猶更嚴重可被相心得候此段可相達旨

少將様　御意候事

〆

阿蘭陀船無別條歸帆滯留之魯西亞船穩にゐ當地相替儀無之候に付明日

御發駕被爲向　御歸路候最前　御越座之節被　仰付置候通播磨得指圖萬端無油斷樣可被相勤候惣御番手中ニは拙者共ゟ可相達旨

少將樣　御意に候事

○十月十七日諸平啓次郎西泊渡海當所三ノ增ニ壹坪の假番所取建候儀專五ゟ申出候に付小書付を以申出筈候所彌三太夫方他出に付市六ニ相賴候事

一少將樣今朝當津　御立被遊候事　御座船御臺所立等も致出船
一此節御供之由にゐ篠原榮太ゟ書狀遣候事
○同十八日一ノ増小番所にゐ三好策藏申合御備畫圖取建候事
一嘉左衞門方ゟ左之通達有之候事
例年帆影見隱候得は加番引拂等之儀播磨殿ゟ御達有之候得共ヲロシヤ舟滯船に付其義無之段嘉左衞門殿ゟ被申談
去る十六日出帆之阿蘭陀商賣船同十七日朝帆影見隱候段水野筑後守殿用人ゟ爲知來候旨聞役ゟ申來候間爲御承知相達申候已上
○同十九日魯西亞亞墨利加之書翰之趣等寫
一嘉左衞門方ゟ左之寫を以被相達候事
滯留之魯西亞船近々出帆蒴有之候得共御奉行所之依御都合當時出帆可及延引旨不表立御奉行所ゟ御通達有之候事
右之趣沖御番所を初御茶屋內不洩樣不指立可被相觸候事

十月十九日

○同廿日嘉左衞門方ゟ左之趣被相達候事
魯西亞人揚陸之儀相願候に付木鉢村ニ士官之者爲見分罷越候旨黑田三左衞門方ゟ被相達候段彌三太夫ゟ申來候事

○同廿一日諸平啓次郞同道西泊渡海兼而申出置候御旗彌致大破候に付當所は往還筋之儀にも有之早々御渡之義彌三太夫方に申出候處明日可相渡候に付石火矢打へ其趣申談候樣との事に付歸候上專五にも申談候事
一御旗臺損の分是迄兎哉角取建相仕舞居候得共最早御作事手に不掛而は難相濟候に付是亦御手入之儀小書付を以申出置候事
一天滿宮神納例之通百五拾文市六五右衞門へ遣賴置候事外に當年は修理料之儀先日神職幷世話人參相願候分同役申合別に百五拾文も是亦右兩人ニ相渡賴置候事
一中早立に付宿狀帆足武平ニ賴遣候事

一當津御備向晝圖仕立入用溝口晒ニカワ小書付にᐧて大頭ゟ申出置

○十月二十三日新古御番頭取ゟ播磨殿ゟ左之通達來候段嘉左衛門方ゟ被申談

御奉行所ゟ聞役御呼出にᐧて魯西亞人共揚陸之義被差免候旨被相達候且又右場所等は文化度之通木鉢邊被相渡御含に候得共未御治定無之候に付追ᐧて可被相達旨申聞候段申出候此段申入候以上

十月廿一日

同廿三日申ノ刻過比異船四艘共不意に碇を上出帆之模樣に相見へ候に付嘉左衛門方初何も致出張尤兼ᐧて相宿申合置候通一ノ増壹貫五百目壹貫目貳挺寸中に藥入白帆用之玉取出勿論火繩に火を付自然之節之用意いたし居候得共聊無別條致出帆高鉾四郎之間にᐧて本船黑船兩艘共折返し地方之方に向貳三丁參夫ゟ致出帆候振合は何れ禮義之ための手數にᐧて可有之何も致評議候事帆影は晩景に隨ひ不見樣相成候事

但女神同役も致出張水浦同役は暮比出張いたし來候併出帆之振合何さへ無異義候に付嘉左衞門方に相屆引取候事
附彌三太夫方市六五右衞門も致出張見合引取に相成候事
一權之進方ゟ嘉左衞門方へ左之通掛合有之候段嘉左衞門方被申談候事
魯西亞船四艘共今明日間致出帆候旨撿使ゟ警固寺田八太夫ゟ相達候趣同人ゟ申出有之候に付爲承知申來候由
一夕御提灯燈方幷夜廻等は御達有之迄は是迄之通心得候樣石火矢打申談
〇十月廿四日權之進方ゟ嘉左衞門方ゟ各樣初御附屬之面々歸先荷物品付目錄今夕迄に指出に相成候樣申來候由尤武器類平札は跡荷積に付別段指出相成候樣と之趣之由に候事
一同夕左之通播磨殿ゟ新古御番頭衆に達有之候趣嘉左衞門方被申談候事
魯西亞船致出帆候に付右船帆影見隱候上御奉行所ゟ相伺御指圖次第御非番所請取候樣可相達に付其心得取調置可被申候右請取相濟候上

兼而被　仰付置候通内交代可被致候御人數船引拂方之儀は帆影見隱候旨御達有之候上相伺可及差圖候事

右之趣新古御番手中幷增御人數ゟも各ゟ可被申談候事

出帆之魯西亞船帆影見隱候由に付御番所初御備向幷仕切番船引拂之義御奉行所ゟ相伺候處勝手次第引取候樣御指圖有之候條早々引取可被申候事

〆

一御筒引綱は今朝ゟ取除干方手入等追々致候樣宗利專五ゟ申談

一夜五ツ半比御飾引之達來候に付早々專五ゟ申談候事

一夕權之進方ゟ嘉左衞門方ゟ左之通掛合來候旨嘉左衞門方被申談候事

魯西亞船帆影見隱候由に付別帋之通播磨殿ゟ被相達候に付事々平常之通心得可被成と存候尤御附屬之面々ゟは例之通一隊限御達可被成候此段爲可得御意如此御座候以上

一夕左之通權之進方ゟ掛合來候趣嘉左衞門江申談候事
明後廿六日御非番所御請取に相成候得は貳番々致內交代候處に申合置候尤未御非番所渡候義佐嘉ゟ御返答は無之候得共多《マヽ》明後日に相違も有之間敷候に付爲御心得此段申述候以上

○十月廿五日御石藏初諸御道具類取調子白帆用御藥御筒夫々江掛込袋に入置候分且又不足御藥箱ゟ取出居候分元之通相納御旗一切諸道具現改致候尤石火矢打へ手傳爲致候事

一左之通小書付に而嘉左衞門方江指出候處御同人ゟ大頭江遣引合可置旨噂有之候に付加演說置候事

覺

魚見岳詰石火矢打頭取
宗　利　專　五

平日質素手堅申合異船滯留中數十日之間晝夜嚴重相守當御臺場御手

廣之上往還筋相挾り掛離れ候場所に御座候得は別而心配強且風當烈敷所柄に御座候所御旗幕御提灯其外道具類等始終心を寄相壓風雨後は必申合自分手入等仕御事多之折柄能勘辨仕相成丈御手入少き様仕申候將又　御巡見之度々長路之雁木道作等も行屆一體心得方宜敷格別出精相勤申候間何卒宜御沙汰被爲下度奉存候

同所詰　石火矢打中

相宿中質素に申合當御臺場御手廣之上往還相挾り掛離れ候場所も御座候得は骨折强御座候處數十日之間晝夜無油斷相守風雨等之節は猶更心掛諸道具類相成丈不損様仕自分手入等にて度々仕整何も心得方宜敷格別出精相勤申候間何卒宜御沙汰被爲下度奉存候

同　所　手　傳　中

右は御足輕頭手附より兼請持にて無懈怠相勤申候間宜御沙汰被爲下奉存候

同所詰五ノ六挺小早
船付　幸　七
平日船内申合宜漕送等聊無懈怠且又御事多之折柄に御座候間御臺場岡役入用節々申談候處心得方宜何も出精相勤申候間宜御沙汰被爲下度奉存候

同所詰　急用船々頭
津屋崎浦　太　八
平日船内申合宜數十日之間波戸篝請持燒方仕日々漕送等相勤且又岡役入用之節申付候處聊不相厭長夜寒冷に相成候得は不時に粥等認候義間々御座候由格別出精仕候間先之比も申上置候處其後彌出精相勤申候間宜御沙汰被爲下度奉存候

同所付　浦船船頭
權　吉

平日船内申合宜仕度之度々聊無懈怠御臺場水拂底之節は難所之道筋波戸先ゟ汲上等も仕一體心得方宜格別出精相勤候間宜御沙汰被爲下度奉存候

魚見岳詰

石火矢役

丑十月

一左之廉々彌三太夫方ゟ被申談候趣にて頭取ゟ申談候事

一　壹番々本番加番共

一　貳番々加番之面々

一　非常立之面々

右引拂被　仰付候旨御用人ゟ被仰聞候事

一　貳番々加番明後廿七日乘船被　仰付候事

一　御非番所請取明廿六日五ツ時之事

一自分陸路願勝手次第尤相願候はゝ今廿五日夕中に申出候事
一播磨殿黒田三左衛門殿明後廿七日出立に付同役出立は廿八日に
出立尤御用之都合次第にゐ廿九日出立之事
一　御筒上乘　原田直右衛門
一晝比右之通加番引拂之義相分候に付夫ゟ荷仕舞仕掛候事
一三好策藏白石七右衛門地方渡海に付悴幸次郎兩人共同道相願候事
一相宿之内大西齋藤は陸路御指返太田は相願陸路之筈にゐ相仕舞候事
〇十月廿六日
一御非番所請取に付諸平相仕舞致乘船悴幷幸次郎爲後學添遣候尤諸平ゟ
相談有之候ゐ遣候事　但白崎請持也餘は爰に略す
一嘉左衛門方も御非番所請取後番頭衆一同御茶屋御渡海之筈に付見合乘
船有之晝後甚九郎方に參今日家來共迄不殘韋駄天丸ぃ乘船致候に付暇
乞且跡木屋見繕之事等頼有之候事

一御非番所請取九ッ比無滯相濟直に番頭衆御茶屋渡海有之候事
一夕嘉左衛門方家來參御同人ゟ今日番頭衆依申合御茶屋渡海御建山勤相濟候上依申合直に本船ㇾ致乗船候に付別杯等も指出不得之趣被申越候事
一晝後家來共地方へ求物に遣候得共買人多十分に不調候事
一夕先荷物差出早々指出候樣達來候に付左之通認置候分直に右使に相賴彌三太夫方ㇾ當手紙相認指出封差出候事

先荷差出

一　五〆は　米箱
一　四俵は　石炭
一　貳からけは　桶類

嘉永六年十月

立花彌三太夫殿

一夕左之通彌三太夫方ゟ達來候事
尙々指立狀相渡候條乘船掛拙者居木屋ゟ可被罷出候事
加番引拂御船組別帳相達候條可被得其意候已上
十月廿六日
加番引拂御船組
虎丸
一三百石積
梶取
岩隈幸八
大組
津田清太夫
順風丸
一三百石積
梶取
永住伊作
大組
月瀨右馬之允

延壽丸
一四拾六挺立

武德丸
一二百石積

梶取
松永専右衛門
石火矢役
轟德太夫
飯永庄兵衛
本間源之進
飯永庄三郎
大筒役
木立藤次
淺香良吉
梶取
藤島茂六
大森圓太夫

野間源次郎
梶取
岡部常次
石火矢役
安川榮
福島文四郎
梶取
岡村武右衛門
御足輕頭
小川藤右衛門
青柳良平
御石火矢役
長田半左衛門

和風丸
一百四十石積
信風丸
一五拾挺立

野間又六
井上権一郎
高木仁太夫
佐藤外衛
大筒役頭取
臼杵彌左衛門
大筒役
因源七
梶取
村井市五郎
大筒役
山崎三七
伊勢田小四郎

若宮丸
一貳百石積

堀作太郎
茨木司

徳壽丸
一百四拾石積

梶取
小田善五郎
陶山源作
神田新五郎

一壹番々之同役ゟ是迄指出に相成居候御道具類預書等仕替に相成候に付貳番々本番同役ゟ申合引付候樣彌三太夫方ゟ達來略之

○十月廿七日荷仕舞等大概相濟

一貳番々太田尾詰本番杉權右衛門東鄕孫一郎來候に付相宿申合御石藏其外諸御道具等引渡記録も相渡其外損所彼是申送事等相濟候事

一啓次郎は先觸等之都合有之急用船に而晝後當所引拂地方致渡海

一先荷積御船組昨夕達來

一七半比浦船にて乗船之積にて波戸ゟ參居候處晴和丸ゟ先荷取に來相渡

廿七日積　晴和丸　梶取　久我辰作

先荷目錄

一四〆は　米箱　　一四俵は　石炭

一壹からけは（手水たらい 七りん）　一壹からけは（手田子 火鉢 炭ふるい）

一壹からけは　杦

一壹〆は　斗樽

〆外に書狀壹封　名

晴和丸梶取

久我辰作殿

一夫ゟ直に乗出候處信風丸居所知れ兼段々壹番々乗船々は太田尾女神之間ゟ致船揃西泊之内ゟ漸く信風丸見付出し致乗船候處先刻ゟ小川靑柳

曰杵因は乗船相濟居候に付傳馬にて西泊へ揚り彌三太夫方ニ相屆差立状は小川請取に相成居候間用心金之義御同人ゟ可相渡哉之旨噂有之候得共御足輕頭申合居候間拜借は不致候事

一夫ゟ加藤又左衞門殿御木屋吉田市六野間五右衞門御木屋ニも暇乞に行候事

一集合之内長田野間高木佐藤は依願致陸路候に付乗合は殘り五人也

〇十月廿八日晴天北風强西泊滯船

一本番船は朝之内西泊致出船

一轟德太夫飯永庄兵衞立寄同人共昨夕五ッ過致乗船唯今西泊ニ屆に參候由に候事

一今日ニ《ママ》比出船證據相渡り候由手明ゟ致噂候事

一一昨廿六日左之通御達に相成候由に候得共引拂火急之折柄に付御番手中ニは行屆居不申由追て御達可有之候得共承付候に付爰に記置候事

別紙之通播磨殿ゟ被相達候條可被得其意候已上

立花彌三太夫

壹番々貳番々御番手中

壹番々
貳番々
番頭中

去る廿三日水野筑後守殿ゟ聞役被召呼此節魯西亞船渡來に付而は御守衞向御嚴重被行屆年來之御規則とは乍申被致感心御當番方にお ゐては多分之御人數船不容易心配に付而は重役を初末々に至迄辛労と被存候右之趣は江府ゟも被仰上候旨委細御達有之候畢竟各御趣意能被致勘辨萬端差圖行屆數日之間御守衞向御嚴重相整何れも出精之段は委細申上事に候右之趣惣御人數ゟは各ゟ可被申聞候事

十月

一夕九ッ比延壽丸一同西泊出船嵐にて時々帆上和氣にて通船致候事

○十月廿九日朝五ッ半比小瀨戸著船致潮掛延壽丸も同様に候事
一四ッ過小瀨戸出船暮六ッ過面高口に參候處順風に相成直に通船本番船は楠泊に繋船居候樣子見掛夜通に走り或は櫓潮惡敷
○同晦日未明平戸通船田介著本番船も追々田介に著船す

○十一月朔日晴天風惡田介滯船
○同三日未明出船無程帆上通船本番船不殘其外之御船にも呼子に入候得共拙者共乘船は直に走る波高暮合後濱下ゟ付西方角之面々分荷物共不殘上夫ゟ波止場ゟ廻乘合四人は五ッ時比致揚陸拙者は家來一人加瀨屋迄遣著之趣宿元ゟ申遣明朝揚り候處に相決候事
○同四日早朝飯後揚る未た宿許ゟ向之者不來候間曾根屋ゟ暫相待無程參候に付歸久佐へ立寄五ッ半比歸宅追々來客有之候事
一四ッ比ゟ　御館出方昨夕歸著之儀口上にて相屆加番も歸著不揃に付御

謁は如何之都合に候哉頭取問合候處暫時控居候樣との事に付相待居候處追廻邊不計出火にゐ大頭も乘出に相成右鎭火後九半比御月番隼人殿ゐ謁候事
一著船差出は乘合同役連名にゐ差出候事
一荷物等は先荷迄不殘無別條請取候事
○十一月六日家賴淸作引取候に付爲肴代六百文遣す全體は百目之處に給金相極置候得共勤方能候に付壹兩遣す存念に候得共詰中相煩候に付右藥禮貳朱外に入用有之分は手許にゐ相仕廻候段申聞置候事
一幕方壹番〻非常立共不殘波戸場致着船候事
○同八日　御館出方長崎歸之面〻ゐ致面談候事
一今日御足輕讃井平四郞御月番御用にゐ石火矢役ゐ被　仰付候事
○同九日長崎にゐ被　仰付置候御備畫圖之儀に付三好策藏方ゐ行
○同十日家來淸作來候に付飯永庄兵衞方ゐ長崎催合道具類爲持遣又臼杵

彌左衛門方ゟ船中米六斗餘爲持遣候事
一有田正益ゟ家頼禮に遣肴代貳朱持參爲致候事
○同十一日長崎壹番々之面々御目見有之　侍從樣　御初入　御目見も有之候由に候事
一左之趣頭衆ゟ達來前後文段略す
高樹院樣御遠忌御法事被爲濟且
御同公御代長崎御番被爲蒙　仰候已後
御代々樣御永續に付被束明後十三日御祝被遊候に付御祝儀申上御肴代獻上之義達來候事
○同十五日　御館出方之上轟德太夫申合例は御目見不相濟內は御祝儀等も不申上歟に存居候得共此節は達來候に付爲念頭衆問合候處暫時相控居候樣同役被申合大目付ゟ引合有之候處罷出候ゆも支は無之と之由に候得共最早御帳引居候に付今日は引取候事

○十一月十六日上下著用御祝儀御帳に罷出候事
一明日御目見被　仰付候旨頭衆ゟ達來候事
○同十七日　御館出方非常被差越候御人數相揃候上九ッ半時比
御目見被　仰付御月番隼人殿ゟ左之趣被　仰達候事
長崎表へ魯西亞船渡來に付急速被差越候處夜白出精相勤依之
御目見被　仰付候事
右御禮例之通惣詰御帳へ名元相記候事

「嘉永六年丑一番々之末魯西亞船渡來
二番々其外御人數被指越候節記錄」

嘉永七年甲寅閏七月より

紅毛船渡來之記

井上信光記

嘉永七年甲寅閏七月ゟ
紅毛蒸氣船渡來に付急速被指越置候内
イキリス船四艘致渡來候節之記

井上信光

目録

一 御木筒御手入之件
二 阿蘭陀船渡來に付人數等被指出候件

十六　御巡見の節御番頭衆被仰合廉書寫
十七　イキリス人上陸御免之件
十八　イキリス人西御役所へ被呼候件

紅毛船渡來之記

嘉永七年甲寅

〇閏七月朔日晝後

一御館出方先日ゟ拾貫目六貫目御木筒御手入之儀大頭ゟ久佐ゟ申出居候付模様聞に出方致候處其砌横折差出置候儘之旨河村五太夫方ゟ噂有之候付御買物奉行問合候處右は頃日達に相成居候得共如何程之御手入振に候哉不分に付近日材木町濱之細工町迄參呉候はゝ立會致見分職人に可申付然るに長崎表ゟ大早御飛脚にゐ何と歟御人數差越候模様に付今少折合候上右見分最相極可申越申合候事

二

一前刻ゟ大早著之由に付如何之御都合に候哉大頭へ相尋御人數御操出に相成候得は海上壹番當り候所之旨申候處今少相待居候様との事に付暫し相待居候得共寸度不相分候間一旦引取歸久佐へ行候處何方も右之風説に付歸宅之上夜食相仕舞又々

御館出方いたす同役も追々致出方承候處阿蘭陀本國蒸氣船就渡來非常壹番之御人數之内一と御番之御人數丈被指越候との都合ゟは其内に加り候事無程左之趣被相達候事

長崎表江阿蘭陀本國ゟ蒸氣船渡來に付先年本國ゟ使節差越候節之御振合へ御作略にて御人數江差出候に付用意仕候樣との趣也

石火矢役頭取貳人　平　貳拾人

右頭取貳人平壹人は陸路被指越平は吉崎清右衛門も指越候段も被申談

一陸路出立閏七月四日

一船路同五日乘船

同役星順名元左之通尤頭取兩人は別星也

頭取

西川吉郎左衛門

頭取

吉田市六
安部孫七
阿部專之丞
津田久一郎
太田與一郎
吉崎清右衛門
末永作之進
村澤喜三太
藤井利左衛門
佐藤外衛
井上庄左衛門
大西諸平

野間又六
齋藤太七郎
小川佐平
久佐孫兵衛
井上權一郎
藤田文右衛門
杉　權右衛門
安川　榮
高木仁太夫

已上廿二人

三

一苦労銀請取方此節ゟ左之通に相成候段大頭ゟ被相達候事

覺

一御廣間東側に御銀奉行御金持出居申候御勘定所附両人罷出居候付銘

々印形持參候ゟ御銀奉行引合苦勞銀請取根帳名之下印形有之度候一同に相成候ゟは混雜いたし候條出掛り順々壹人宛受取に相成候樣御側筒罷出居候ゟ及噂可申候尚支配頭ゟも夫々銘々ニ得と申談に相成作法立有之度候事

但右請取に罷出候面々必印形持參可有之萬一持出無之向は其次第頭々ゟ申出候はゝ組頭ゟ何某儀印形持參無之に付何某に代判申談にゟ請取候旨書付御渡代判之向右書付を以御銀奉行引合候付右目當にゟ根帳代判見屆相渡可申候事

其外之ケ條有之候得共手許入用無之に付略ゟ不寫

一大頭ゟ左之趣被相達候事

長崎表ゟ七月廿八日阿蘭陀本國蒸氣船壹艘就渡來御非番所守衛之御人數船被差越候樣御奉行所ゟ御催促有之旨注進相達候就右御手當御人數之內播磨幷毛利內記且附屬之面々其外一番立御人數之內左之通

急速海陸ゟ被差越候條銘々請持筋早々致手當被差越候面々其心得有
之組支配へは頭々ゟ申達明二日出
殿候樣可被達候事
右之趣半禮以下末々掛り合候者には支配方ゟ可被申聞候事
中老　　壹人
大組頭　壹人
鐵砲大頭壹人
馬廻頭　壹人
大組　　貳人目付壹人
御足輕頭七人
石火矢役廿二人
中船頭　壹人
大筒役　拾人

醫師　四人
小船頭　四人
播磨并御用人且附屬之役々ゟは兼而御定之通被指越尤香西庄左衛門は不被指越候事
一夕九ッ過引取候事
小者侍分共相極
侍分　山下鐵郎
小者　藤太
○二日　四ッ比御館出方左之通被爲達候事
長崎表ゟ阿蘭陀本國蒸氣船渡來被指越候御人數出立候所御目見可被仰付候處急速之折柄銘々之支度速に相整候儀肝要に付已來急速御人數出立候所之御目見は不被　仰付候尤中老初御番頭中は月番謁有之其外は謂も無

之候右之趣口々不洩様達方可被取計候事
一御館にて津田孫平次へ留守中跡聞之儀相頼置候事
一頭取ゟ左之通に相定候旨申談候事
御證文書載名元
西川吉郎左衛門
井上権一郎
御非番所請取之節佐嘉役立合名元
白崎　西川吉郎左衛門　井上権一郎
高鉾　吉崎清右衛門　阿部専之丞
長刀岩

安部孫七　末永作之進
陰ノ尾
村澤喜三太　津田久一郎
一此節頭取介杉權右衞門ゟ被　仰付候事
○閏七月四日　出立
大組頭　壹人　足輕頭　貳人
石火矢役頭取　貳人　平　壹人
外に足輕小頭平
○同五日　出立
御家老御用人并附屬
一同日乘船
惣御人數中
一御廣間にゐ苦勞銀并米鑑札共に請取候事

一金六兩三歩貳朱
一白米高壹俵壹斗五升
一五日乘船刻限は九時之旨大頭ゟ被申談候事
一河村五太夫方今日大頭被　仰付候事
但野村勘右衛門方頃日依願退役
一御到來所々は消毒丸拾粒致拜借事
一左之御書付寫を以大頭衆ゟ被相達候事

大目付江

今度專諸事御簡便之御仕法御取調子中にて此節阿蘭陀蒸氣船渡來に付急速海陸ゟ出崎之輩支度筋も武備之外は惣て質素簡便之取計を以滯崎中服體萬端外見に不泥一際目立候程之取締無用之散財無之樣厚遂勘辨持越品々等も相成限差略いたし應て夫仕等も相減候樣取計一體之都合打變り實用簡易之手筈相調候樣急速之面々早々可相達候事

四

右及口達

右之趣諸口々々ゟも被相施海陸御手當筋も是迄之仕來に不相拘簡易にして速に相捌候道を其手限り遂勘辨無泥取計候様可被申聞置旨をも及口達

右之趣御用人ゟも申聞之

五

一御船組左之通

加德丸

中老
久野外記

御醫師
河島養林

一五拾六挺立

漕船

一三拾石小早加子八人
一六挺小早　同　六人
一急用船　同　七人
揚秀丸
一貳拾挺立
加子十二人
漕船壹艘小夫四人
加茂丸
一五拾挺立

同　塚本道禎
小船頭
山中喜右衛門
中老通船
同　用船
同　用船
御足輕頭
廣澤三右衛門
御足輕壹人

加子三十八人
漕船三艘水夫十二人

大筒役頭取
若松甚太夫

大筒役
山崎重藏
木立藤次
豊原彌八郎
佐々川復之丞
屋成彌門
因源七
堀仙右衛門
山崎平太夫

伊勢田源太
浦方付貳人

徳壽丸
一百四拾石積　加子七人漕船貳艘水夫八人
　但中老一手之武器荷物積込
安永丸
一貳拾貳挺立　加子十四人漕船壹艘水夫四人

御目付
小河半七

一五拾石小早
　加子拾人
漕船一艘水夫四人

御船奉行

久　田　彌　六
船方付　貳人
御用使　壹人
舟大工　三人

一急用丸拾艘　加子九拾人　足輕廿人
但右之内貳艘著崎之上中船頭用船御船備之節大筒役乗船
千年丸
一五拾挺立
加子卅八人
漕船三艘水夫十二人

大組頭
飯田角左衞門

御醫師

同　　新野順泰
有田正益
小船頭
白水惣兵衛
大組頭通船
一八挺小早加子八人
足輕四人
一四挺小早　同五人　同用船
一急用船　同七人　同用船
馬廻頭手組足輕貳人
三光丸
一四拾六挺立
加子廿八人

漕船二艘水夫八人

巨盤丸
一三拾八挺立
加子十二人
漕船一水夫四人

威徳丸

大組
尾江半右衛門
同
田中團右衛門

御足輕頭
勝野甚左衛門
御足輕三人
外に御足輕頭壹人は陸路

一三拾八挺立
加子十二人
漕船一艘水夫四人

御足輕頭
十時傳次郎
足輕　三人
外に足輕頭壹人は陸路

若宮丸
一貳百石積　加子八人　足輕拾三人
漕船四艘水夫十六人
但大組頭一手武器積
飛準丸
一五拾挺立

加子卅八人
漕船三艘水夫十二人
大頭
河村五太夫
馬廻頭手組足輕十八人
小藤五次右衛門
一八挺小早加子八人
大頭通船
一四挺小早同　五人
自分ノ手組四人
同　用船
武榮丸
一五拾六挺立　梶取　吉本茂右衛門
加子漕船三艘水夫十二人
一急用船　加子七人
大頭用船

馬廻頭手組足輕貳人
御石火矢役
安部孫七
同 村澤喜三太
同 津田久一郎
同 太田與一郎
同 藤井利左衞門
同 末永作之進
同 井上庄左衞門
同 佐藤外衞
同 阿部專之丞
同 小川佐平
御足輕

北國丸
一四拾貳挺立　梶取　江田茂四郎
加子廿四人
漕船二艘水夫八人
御石火矢役
久佐孫兵衛
同　井上權一郎
同　齋藤太七郎
依頼自力に而罷越
久佐彦左衛門
御足輕三人

功徳丸
一貳百石積　梶取　久我辰作

但著崎之上石火矢役御臺場上り之跡空船にいたし艀替船に相用

加子八人
漕船四艘水夫十六人

御石火矢役
杉　權右衛門
同
野間又六
同
大西諸平
同
安川榮

御足輕

千代丸
一百五拾石積
梶取　金子庄左衛門
大頭武器荷物一手之武器并陸路行は足輕頭御石火矢役武器足輕荷物共右兩船に積込

御石火矢役

高木仁太夫
同　藤田文右衛門

信風丸
一五拾挺立
加子三拾八人
漕船三艘水夫十二人

馬廻頭
水野孫市郎
小船頭
村上彌門

一八挺小早　加子八人　馬廻頭通船
一四挺小早　同　五人　同　用船
福壽丸

一三拾挺立
加子十二人
漕船一艘水夫四人

御足輕頭
高瀬團之丞
同青柳良平

一急用丸　加子七人　馬廻頭用船
虎丸
一三百石積　加子　漕船
御番手之面々武器積
一艜　三艘
一急用船　拾艘
〆

御船數百貳拾四艘
内
三拾貳艘　關船
五艘　荷船
三艘　艜
拾四艘　急用船
拾六艘　橋舟
三艘　橋舟代
　浦傳道
　漕船
　浦傳道
加子高九百拾四人
内百人　梶取加子

外に

急用丸　　　聞役渡り

神通丸

右之外は略而不寫梶取之名元等略候事

〆

一乗船届は平常御番之節之通月番大頭船中大船へ届候様尤河村五太夫方陸路に付船中大頭介水野孫市郎方へ相届候様頭取ゟ申談候事

一御館ゟ七ツ半過引取歸湊町中師万六方米鑑札持參明日付來候様且駄賃は宅に可遣旨申談置候事

一綿屋庄市方へ醬油申付五日朝に掛波奈曾根屋迄遣呉候様申付置候事

一加瀬加手方にて及暮同方にて浴夜食相仕舞候事

一波奈石屋市次行炭薪等求預置其外船中用之品々も同様之事

一唐人町にて皮の鐵砲袋早合付之胴亂頃日見當分今夕相求未た至而新敷

代金《マヽ》壹歩錢五拾札也

○三日

一後濱町日に付未明父子共致出方予は抱壹枚打致早引候事

一求物等爲仕舞荷物夫々致入組或はからけ置候事

○四日

一鳥飼宮大宮司へ御札守賴に悴遣明朝飯後可請取旨申遣置候事

一唐人町樋屋へ兼ゟ申付置候提燈桶取に遣す代八匁也

一家賴呼に遣荷物からけ等一切爲仕舞候事

一町夫鑑札取は實父役所出方に賴請取候事

一近所其外實家伯父伯母方へ暇乞に往候事

○五日　曇天折々小雨

一弟忠四郎へ町夫取相賴五ッ半時比連來名島町の夫來目錄貳枚之運方兩度に相仕舞候事

一御札守請來實父ゟ金毘羅宮之御札守遣候事
一乘船届は參會中連名にて貳枚認置候事
一追々來客別帳へ記置候に付爰に略す
一四ッ過出立久佐へ寄候處不仕廻に付先へ參候樣との事に付先へ往候事
一曾根屋へ立寄波奈にて求置候品々端舟へ爲積込候事
一九ッ比北國丸ニ致乘船齋藤太七郎へ先刻ゟ乘船無程久佐父子も乘船相成候に付届之儀は齋藤隱居兩通共請持歸候事
一同役頭取兩人共致陸路頭取介杉權右衛門は荷船參り相成候に付船中頭取介安部孫七へ被　仰付孫七ゟ乘船に上下遣候事
一七ッ比　直り夜半過具立出船志賀へ著依天氣合明け方今津著す
○六日　曇天折々晴今津滯船
○七日
一風雨烈入夜小和氣今津滯船外記殿船へ有用事行夜半過船奉行ゟ貝立候

付何も致出船候得共雨又降出一體模樣悪敷故歟引返し唐泊へ繋

○八日

一雨天漸々止唐泊滯船夜半過八半比出船

○九日

一九ッ時比呼子へ著後れ船揃候上九半比出船風向暮比栗生著

○十日

一曇天朝七半過栗生出船四ッ比平戸通船九ッ比牛ヶ首通船八半過板浦著
船

○十一日

一晴天未明七ッ比小瀬戸へ著し直に出船四ッ比神崎著船

一昨日安部孫七ゟ左之通懸合遣候間例之通御船餝爲致候事
水野孫市《マヽ》君方より口上には左之趣申來に付御承知可被成候
神邊著船之上御船餝平常御番之通番頭中申合候尤久野外記方ゟ地方

御茶屋へ以飛船被及引合候上事變候義も有之候はゝ相達可申候此段
御同役中へ御談可有之候以上
閏七月十日
一水野孫一郎方ゟ左兩通申來候由にて孫七ゟ申遣候事
異船出島近邊へ繋留に相成居候付水浦へ御船々漕入之節異船間近く
不相成樣且又船列を立不行儀無之樣靜に乘込可有之候事
閏七月十一日
別紙之通御船奉行ゟ今日湊內漕入之節船列唯今水野孫市郎方迄申出
候由にて達に相成申候御承知可被下候且又御寫取相成候はゝ別紙手
元迄御指返可被下候
一船列略す船奉行壹番々其外御船組之通凡不相替尤荷船は除之
一八ッ比船列之通靜に水浦へ乘込に相成候事
一見合にて久佐父子同道水浦へ揚り陸路參候同役頭取兩人平共御手當木屋

中ノ間に相住居先ノ間は足輕頭兩人前は大頭役所也
河村五太夫方は御茶屋ゟ住居相成居候事
〇十二日
一久佐齋藤同道辨當持參水浦へ揭諸事申合候事
一御臺場請持割左之通五太夫方被申談候旨頭取ゟ申談候事

白崎
井上權一郎
齋藤太七郎
石火矢打半組

高鉾在來
吉崎淸右衞門

同新規
杉　權右衞門

長刀岩在來
安部孫七
同壹ノ增
久佐孫兵衛
久佐彥左衛門
同貳ノ增
高木仁太夫
同三ノ增
小川佐平
藤井利左衛門
同四ノ增
末永作之進
安川榮

長刀岩　　石火矢打貳組
水浦大高崎
西川吉郎左衛門
藤田文左衛門
高鉾一ノ増
大西諸平
同貳ノ増
井上庄左衛門
阿部専之丞
高鉾　　石火矢打一組半
陰尾在來
野間又六
村澤喜三太

同新規
吉田市六
津田久一郎
陰ノ尾　石火矢打壹組
瀬ノ脇
太田與一郎
佐藤外衛
水ノ浦瀬ノ脇　石火矢打壹組

〆

一佐嘉御方ゟ引合に相成候書付寫

覺

一御非番所御臺場御交代之儀御双方御番頭ゟ使者を以御取遣に相成筈に候得共去年之振合に準し御互之場に而相濟使者御取替相省候而は

何分可有御座哉之事

一御非番所致御渡候義伺之通相濟候はゝ當日番頭共前廉御奉行所へ不罷出御渡相濟候上番頭共御奉行所御目附に罷出致御届候心得に御座候事

一御交代之儀是迄之通白崎御臺場にて左之通に御出會其余御臺場々々は左之役可致御立會候事

白崎

番頭　壹人

石火矢役頭壹人

鐵砲頭　壹人

石火矢役　貳人

長刀岩　陰尾　高鉾

石火矢役貳人宛

但著服之儀は平常御番代之通相心得居候事
一同所にゐ御證文御取替之儀は兼ゐ御談決之通最前之御證文を以去年之
振合に準し追ゐ御互之場にゐ御取替致し度候事
一白崎御臺場御請取相濟候振合を見請其外ヶ所々々當番限致立會候心得
に御座候間順道付指廻不申候事
一御交代刻限之儀は其節に至り爲御知可致候事
已上
御非番所御引渡出役名書
白崎御臺場
番頭　鍋島左太夫
石火矢役頭　原次郎兵衛
鐵砲頭　張玄一
石火矢役　坂田官藏

同　内田與市

高鉾御臺場
石火矢役　鹽塚大七
同　北古賀兵之助

陰尾御臺場
石火矢役　峯伴太夫
重松辰之助

長刀岩御臺場
石火矢役　荒木又七郎
千住五郎太

已上

一御番頭衆ゟ播磨殿江伺に相成御付紙に御下知に相成候寫之通

覺

此節蒸氣船内目に挽入相成居申一體穩に候趣意に有之候付御非番御臺場御請取之上は先年本國船湊内繋船中之通相心得御臺場々々ニ御石火矢役幷石火矢打御足輕計相住居番頭初ニは水浦繋船致守衛御臺場々々ニは申合不絶見廻り罷越候樣可仕哉之事

御付紙　書面之通可被取計候

一御非番所御請取已後自然白帆相見候注進有之節御臺場御飾向之儀は在來御臺場御切組御幕張御旗貳流夜中御提燈貳ッ燈し〔候計カ〕年にて其外御省に相成候て何分に可有御座哉之事

但波戸先篝焚候儀は是迄之通異船之趣によりては提燈灯之方相増候儀も有之候事

御付紙

御非番所御受取已後自然白帆相見候はゝ此節一と立但書共申出候通可被取計候

一蒸氣船内見挽入相成居候付左之通御筒備取計に而何分に可有御座哉
之事

大鳥崎北　　同所南

貳貫目置付　　壹貫目

三百目　　三百目

三百目

百目　　百目

百目　　百目

瀬ノ脇

壹貫目　　五百目　　五百目

三百目　　三百目

御付紙　申出候通御筒備夫々可被取計候

閏七月

七

御非番所御請取後石火矢打詰分名許

高鉾

月隈恵三

井上宅四郎

丸山卯三

山喜多清次郎

山崎惣吉

畑江忠藏

讃井旦次

須藤利平代

津野三郎

柴田右三太

徳永清市

安村彌三
高川林藏
長刀岩
古賀多久次
大塚吉郎
松尾德太郎
大原林藏
臼杵直平
松尾嘉平太
臼杵原藏
安永才次郎
宗利專五
上田幾次

原　忠平
濱地小平太
徳島清藏
堀田善一
徳永利七
古川左内代
今壹人
白崎
小田文五
山崎幸作
大神久内
市丸平平代
大野利平

陰尾
筒井勘作
有井桂次
井上直次
柴田丈作
横田正三
渡邊茂兵太
吉住右三郎
的野千次郎
水浦居殘
香下源太郎
上村市郎次
中野太三太

富永安次
岩城幸作
高鍋俊作
稲石喜三太代
福永市藏
平野安平

一御非番分白帆用御藥ヶ所々々掛合白帆用御藥箱に入込候事
右之外異船御手當用諸道具三ノ藏に御圍分帳面を以夫々相改置明朝艜
三艘幷上荷船に積込筈に付水浦へ居殘同役毎事請持石火矢打候申談國
役ゟ爲運候而積船々も石火矢打致上京沖目へ廻之筈に付毎事同役申合
御道具帳之寫相渡置候事
一左之書付大庄屋志賀九郎助所持之分寫之
阿蘭陀蒸氣船風說書之内拔書

一船號　スームビング

一船の大さ　馬百五拾疋力

一主役之名　フハービユス

一役掛り并士官之人數　九人

一乘込人數　百拾壹人

一類船之有無　相知不申候

一咬𠺕吧出帆　七月朔日

〆

○十二日

一夕五太夫方ゟ左之通達來立合之同役八人ニ當
御非番所御臺場々々佐嘉御方ゟ明十三日九時御請取に相成候條各事
左之通爲立會可被罷出候尤乘船別紙之通候條其心得可有之候はゝ

銘々立會ヶ所々々乘船等別外に認有之候得共爰に略す

一同夕五太夫方ゟ左之通立會無之同役に當來

御非番所御臺場々々佐嘉御方ゟ明十三日九時御請取に相成候條其心

得可有之候右に付別紙御船組爲承知指廻候已上

御非番所請取當口御船組

小船頭

小藤五郎右衛門

飛雁丸

大　　頭

一五拾挺立

一七八挺小早

一三十急用丸

大組頭通船分

一壹八挺小早

馬廻頭通船分
四
一八挺小早
十三
一急用丸
白崎
北國丸
一四拾貳挺立

御足輕頭
勝野甚右衛門
同　青柳良平
御石火矢役頭取
西川吉郎左衛門
御石火矢役
井上權一郎

艜船代

一上荷船　　漕船浦傳道壹艘

五

一急用船

長刀岩

武榮丸

一五拾六挺立

三

一挺船

七

一急用船

御石火矢役

乘組之儘

石火矢打御足輕

御加子三人内壹人は
御加子貳人は水夫

御石火矢役

乘付之儘

漕船浦傳道貳艘

石火矢打御足輕

御加子六人

一十八急用丸　内壹人は加子五人は水夫

御石火矢役

安部孫七

高鉾

功徳丸

同　末永作之進

一貳百石積

御石火矢役四人

杉　權右衛門

野間又六

大西諸平

一壹艜船

漕船浦傳道船貳艘

安川　榮

一急用丸　四

一急用船　九

一急用丸　三十一

陰尾

一艜船　貳

御石火矢役

吉崎清右衛門

同

阿部専之丞

御石火矢打御足軽

御加子六人

内
壹人は御加子
五人は水夫

御石火矢役

村澤喜三太

同

津田久一郎

漕船浦傳道船貳艘

御石火矢打御足輕御加子六人前に同し

十一 急用船

○閏七月十三日晴天朝飯後夕立後又晴

一四半時比西川吉郎左衛門誘引來候付直に八挺に乗移鑓飛船印等立侍分壹人は拜眉齋藤太七郎ゟ借用上下四人平服雨具用意外に手附は石火矢打兩人袴著用に而八挺に乗込來居候事

一是迄之乗船北國丸も白崎繫船付見合跡ゟ來候樣申談置候事

一白崎付船に相成候浦道船箱崎浦忠平同合來候付北國丸に付同所へ參候樣船頭へ申付置候事

一夫ゟ河村五太夫方へ乗船に付西川用事相仕舞直に同船之跡に相控

一右八挺に而西川ゟ左之御書付寫大頭ゟ呼出之上達に相成筈に候得共此折柄之儀に付頭取に被相達頭取ゟ同役中江申談候樣との趣申談候事

御意

今度長崎表江急速被差越候御人數末々迄諸事作法宜愼方等之儀屹度

可申付於彼地萬事無手抜樣可遂才判候事
右之趣惣御人數ニも可申聞候事
一無程船奉行ゟ貝吹に付御非番所請取之船々兼而達之通船別にて白崎へ
漕行沖三ヶ所之船には見合追々沖漕廻候事
一白崎前に碇を入手附石火矢打候申談用船急用丸にて白崎小番所爲問合
請取之役々相揃候間罷出可然哉之旨爲申入候處宜旨返答有之に付其趣
直に右石火矢打を以大頭へ申達壹番に手許共乘船白崎下ニ乘付磯邊に
揚相待引續候御足輕頭兩人大頭ニ逆に上り相揃候上又逆に御柵内に入
尤西川先に立佐嘉衆へ致辭儀候上拙者先々行並爲待引續御足輕頭兩人
大頭と何にも濱手之方へ立並双方辭儀合相濟番頭同士名札取替夫ゟ石
火矢役頭ニ西川双方四人連名之名札取替有之互に挨拶等有之内佐嘉石
火矢役ゟ御石藏鍵箱相渡候に付拙者請取直に手附石火矢打候爲持之其
内御幕張替三つ道具等立替相濟又々双方辭義相にて佐嘉衆引取候に付

見合之上大頭御足輕頭引取に相成佐嘉ゟ遣候名札左之通尤兼而參居候
名書に有之張立一依指合三好左馬之進罷出候分は次郎兵衛ゟ演說有之

鍋島左太夫

石火矢役頭

原　次郎兵衛

鐵砲頭

三好左馬之進

坂田官藏

石火矢役

內田與市

勝野甚右衛門

青柳良平

一此方名札左之通双方貳枚也

河村五太夫

西川吉郎左衛門
井上權一郎

一沖三ヶ所双方立合名札は略之名元之分に候事
一御臺場内御石藏等相改候上侍番所へ掲候西川も暫時當所ゟ見合せ沖目
三ヶ所請取相濟候左右有之迄相待無程火石矢打追々に渡場いたし來無
滯請取相濟候段且佐嘉衆立會之名札致持參に付右請取吉郎左衛門は水
浦に引取番頭衆ゟ相屆筈に候事
但右番頭衆ゟ達候上番頭衆御建山勤有之候事
一北國丸ゟ荷物持上來無別條請取齋藤太七郎も上り來候事
一異船用御道具類其外御幕御提燈等は上荷船ゟ持上候事
一石火矢打左之面々は先刻ゟ急用船にて參右急用船に倚所白也
頭取
小田文五

山崎幸作
大神久内
高川林藏
急用船々頭
浦船々頭箱崎浦忠平

一當所小番所南手へ假木屋爲取建山崎久右衞門大工共引連來入夜致成就
壹間半に貳間板壁板運內に長刀岩にも假木屋建
〇閏七月十四日晴天
一水野孫市郎方沖迫り付廻高瀨團之丞
一夕河村五太夫方ゟ左之通達來尤兩通也
播磨殿明十五日五ッ時出船にて御非番所御臺場々々巡見有之に付各
事袴番用請持御柵內に可被罷出候已上
閏七月十四日

尙以石火矢打頭取御道具請持之者ゟ例之通御案内いたす筈候其心得
可被申談候
吉田市六へ其御臺所長刀岩白崎ニ之付近可有之旨書込有之
順達左之通に候相心得相達候以上
高鉾　陰尾　長刀岩　白崎
〆
御扶持方示御渡繼日數四十日分御借船を以被差廻候條速に請取に相
成度旨出崎御用聞より引合有之候就右同船上乘小船頭小山善八引合
受取證據を以明後十六日請取可被申候尤御渡方上下人數壹人に壹俵
宛に候條其心得受取可被申候以上
閏七月十四日
一御石火矢留杭打引綱掛等致宰判土俵は大分濡居候付今日は致干方明日
結立候筈に申合年《計カ》御藥拂込も明日いたし候事

○同十五日晴天

朝五ツ時比小瀬戸貝之音聞候付見守居候處下の遠見に白旗引上候付石火矢打ニ聲掛御旗押立候致用意高鉾ニも押立候付早速爲押立無程高の遠見に松三四本押立沖目ゟ所々相圍み石火矢打立深堀之注進船も追々致通船佐嘉切船も並能仕切御臺場飾は兼々伺濟候通御切組御幕張御旗貳流尤御道具木屋小番所々も致御幕張侍番所自分幕張之

一築土俵は朝之内結立夫々御石火矢に相備置候事

一播磨殿巡見有之候得共當所は見流に相成候事

一御藥掛込いたす白帆御藥に少々之間文化調合御藥當所は此方樣御請持分に付其内ゟ壹箱明け取出御玉も先一と箱宛取出其外每事拔出手當いたし置候事

一大頭大組頭沖二ヶ所へ附屬共出張に相成高鉾當所に晝過出張相成當所へは左之面々入來侍番所へ拙者共一所に居住に候事

水野孫一郎
青柳良平
高瀬團之丞

一篝薪未た不被渡蠟燭も少に候間小田文吾水浦へ渡海乙名忠七ゟ相納候分少々請取今夕は是にて相仕廻明夕ゟ分候明日請取候旨申出候

一孫市郎方出張相成に付自分幕取除同方之幕張可申候事就ては提燈も同方ゟ分燈し自分武器は取出御木屋内に備置候事

一夜中御臺場へは日の丸御挑燈貳張燈方申付交々見廻候事

一夜半頃播磨殿ゟ御番頭衆へ左之通達來に付孫市郎方に申談候事
今朝見出候白帆例年之紅毛船に無之紛然船に候間御非番方ゟ被相達早々御番所幷臺場等之御備嚴重に可致旨之鑑札沖出之撿使ゟ佐嘉御番頭へ相達候旨御同所ゟ鑑札指廻來候段聞役ゟ申出候其心得有之御非番所御臺場之守衛向嚴重相守候樣守衛之面々ゟ早々可被相達候事

閏七月十五日

○閏七月十六日朝曇漸々晴

一御大筒貳百目百五拾目土俵仕掛にいたす五拾目依時宜外仕掛積也

一小田文五來唯今大頭役所ゟ掛合來當所根木屋地御渡之儀大村聞役ゟ引合相濟今日御同方役方之者引渡候條文五幷御作事方棟梁立會請取と之趣掛合狀棟梁介持參にて罷越候段相届に付申合御都合能樣相仕舞候樣申談置候處無程受取無滯相仕舞候段相届大村役方名札致持參候事

一外記方ゟ廻文にて番頭衆三人へ當左之通申來候趣孫一郎方ゟ被申談

唯今沖出撿使ゟ別紙名札持參使之者差越中船頭久田彌六及出會候處此節渡來候イキリス船彼方ゟ依願高鉾白崎の間に掛け繫替度旨に付押付奉行所ゟ御達は可有之候得共全く內分爲御知申述由申來候此段爲御承知如此御座候已上

閏七月十六日

尙以本文繫替日限刻限等はかきとめ爲知不申由に御座候以上

御役所役

武井茂四郎

沖出撿使

白石藤三郎

大熊直三郎

杉村辨作

金子幸内

十

一四半比イキリス本船長刀岩高鉾白崎之中央ゟ帆にゐ來碇を入引續三艘共蒸氣にゐ順々入本船ゟ深堀側に貳艘高鉾側に十六艘碇を入尤深堀側に入候異船は壹艘蒸氣には其船にゐ挽入候事

但最初碇を入候處は伊王島近當所ゟは廿四五町余も可有之相見此節繫替候所ゟは七町八町位と見込候に付御筒仕掛替候事

一五太夫方ゟ三番頭江左之通廻文來候段孫一郎方ゟ被相達候事
御渡繼御扶持方示請取方之儀御申合いたし置候末臺場々々江致出張
に付而は水浦には請取候而は不辨利にも有之候間御米積船出張ヶ所
々々江乘廻上乘小船頭ゟ夫々引合相渡候通申談置候間其心得御附屬
幷ヶ所々々御石火矢役江も御達可被遣候此段爲可得御意如此御座候
已上
閏七月十六日
一無程上乘小船頭小山善八御米之儀引合來候付上下三人宛米六俵之請取
書齋藤連名に相認遣家賴遣爲請取候事
一西川吉郎左衞門ゟ左之通掛合來候事
ヱケレス船御臺場前繫船いたし候間其御臺場之爲御加勢罷越候樣と
の儀に御座候明日明後日間渡海仕にゐ可有之御座宜御賴申伸置候任
幸便如此御座候

閏七月十六日

○閏七月十七日曇天風立折々雨

一宿狀實父江之狀白水幸へ又々頼み遣す

一御番頭衆廻文孫市郞方へ參居候自然沖出之撿使ゟ申通事等有之節乘主無之船江爲相知候而不都合之義も可有之に付爲御用便御足輕頭壹人宛代る々々撿使船向寄に致繋船候處伺に相成播磨殿江聞置相成候赴之儀也尤御奉行所江も聞役ゟ申出相成候由に候事

○同十八日晴天

一山崎久右衞門大工等召連來根木屋地へ假木屋取建候儀申入候に付小田文五ゟ地主江其趣申候處地主は一向何たる達も無之段申候由に付文五ゟ一昨日大村役人何某々々ゟ引渡に相成居候事に付貴樣ゟ右役人江相屆候樣に大急之折柄故早速作事可取掛に付作り居候竿等早々引起候樣日雇之者ゟ可被致加勢旨申談直樣取掛り候事尤御作事棟梁も無程來候

付同人ゟも作主へ重疊申聞候事
一孫一郎方へ高鉾へ《マヽ》渡海青柳良平蔭尾へ致渡海
加勢加平江之書狀良平へ相賴小藤五左衛門迄序有之賴遣
一來る廿一日に地方御茶屋ゟ御國元へ寛り御飛脚被指立候段孫一郎方ゟ
申談

十一
一御石火矢放出之節爲便利左之通致役割御石藏江も書付張置候事
書付

藥掛込之覺

一壹貫五百目	大竹	六杯
一壹貫目	同	四杯
一五百目	同	二杯
一貳百目	中竹 小竹	一杯 一杯
一百五十目	中竹	一杯

一五十目　小竹　二杯

但大竹之合　掛目百目入

中竹　同　五十目入

小竹　同　十五把入

藥方

小田文五

山崎幸作

打方

大神久内

高川林藏

藥運ひ

船之者

家來中

一夜中異船見守之儀齋藤中合今夕ゟ半夜代り相定候事
○閏七月十九日晴天
一西川吉郎左衛門引越參候事
一島原公御船地方へ到著佐嘉公は一昨日御著崎之模樣にゐ御船見る
一御番頭衆ゟ問合に相成左之通返書來候段孫市郎方ゟ被申談候事

御番頭四人ニ當

毛利内記

御手紙致拜見候此節異國船何國何船且繋替之振合之趣致承知候右異國船四艘御糺に相成候處イキリス國之船にゐ伊王島内手ニ致汐繋居御奉行ニ書翰指出指向疑敷儀も相聞不申旨聞役御呼出之上御達に相成申候且又右船繋替之儀御達等は無之候得共聞役御奉行所ニ罷出候節用人迄右船今以伊王島内手に繋船いたし候哉之旨内分承繕候處同處繋場惡敷に付湊内ニ繋替之儀御聞届有之一昨十六日同所ニ繋替旨

用人ゟ相答候由に候扨又御非番所請取後沖廻り為濟候趣之別紙書付
落手いたし御國元ゟ及言上事に候已上
閏七月十八日
一來る廿一日地方御茶木屋ゟ御國許へ寛飛脚被指立候儀孫一郎方ゟ申談
候事
一假木屋今日迄は成就不致御作事棟梁分幷山崎久右衛門來
○同廿日晴天
一吉郎右衛門ゟ五太夫方ゟ申談儀有之旨にて掛合來候付無程致渡海候事
御國許ゟ之御船に廻著之上同役住居先き儀評議有之由に候事
一久佐父子安部孫七杉權右衛門太田與一郎追々致渡海來候事
一明日御飛脚立に付宿杯其外實家中島山下加瀬ゟ之書狀認候事
一今日大早著之上又之進殿ゟ御番所衆ゟ左之通被仰越候旨孫市郎方ゟ被
相達候事

御番頭四人ゟ當

櫛橋又之進

一筆令啓達候其沖ゟイキリス國之船四艘致渡來候段達
御耳候依之旁　御越座被遊候得共猶又嚴重相心得右之趣惣御人數ゟ
も各々ゟ被申聞候樣可申入旨
御意候恐々謹言
　閏七月十八日

一内記殿ゟ御番頭衆へ左之通達來候旨孫市郎方ゟ申談候事
此節イキリス船渡來之趣御國元ゟ相達候に付壹番立の内被殘置候御
人數幷貳番立之御人數被差越候尤貳番立之内ゟ馬廻組貳拾人は被相
扣置右何れも今廿日乘船ゟ仰付筈之旨且右御船に着船之趣被遊御承
知之上來月五日比爲御越座御國元
御發駕被遊筈之旨等申來候此段爲御承知申進候以上

閏七月廿日

一假木屋致成就候趣山崎久左衞門ゟ孫市郎江相届候事

○同廿一日晴天

一孫市郎方幷御足輕頭兩人組共假木屋へ引移に相成候事

一外記方ゟ吉郎左衞門渡海之儀申來致渡海御人數船廻着之上住居先評議之由に候事

一御飛脚立に付相宿中書狀遣候事

一五太夫方ゟ左之通掛合來候付書付遣候樣孫市郎方江申談候事即日致指出

尙以本文家來人數之儀御石火矢役江も御達一同御差廻可被遣候

惣御人數御船數共書出候樣毛利内記方ゟ申談居候間一兩日中差出申度就而は各樣初御附屬之面々共家來現人數高早々御取調手許へ御差廻可被遣候此段爲可得貴意如此御座候已上

閏七月廿一日

一今廿一日沖出撿使ゟ御足輕頭に相達候は長刀岩御臺場ゟ東之方に離れ瀬御座候右之瀬にイキリス人揚り申度旨爲相願候に付御聞濟に相成候尤其外之所に罷越候儀にᅟ而無之由其段表向御達可有御座候得共先相達候由右は御用船付添罷越居申儀に候得共長刀岩御臺場下ㇴ此方様ゟ少々番船被指出候はゝ御手厚之譯も可有之併御指圖仕候儀に無御座必御手荒之儀無之様との儀右揚り候儀は時計直しの由に付今二日にᅟ而も無之此後追々同所へ罷越由に候段をも申聞候趣御足輕山田新三郎ゟ外記殿へ申出候其段御同所ゟ廻文之筈に候得共幸吉郎右衞門致渡海居候付其趣孫市郎方ㇴも申通置候様申事に候事

○閏七月廿二日

一四ッ比御越座立御船に着崎いたし候事

一吉郎左衞門高鉾渡海いたし候事

一荷船壹艘着崎根中保兵衞井上宗八番作之丞櫻井源七郎乘合なり夕右之

面々之内三人同崎ゟ來無程水浦ゟ引取

○閏七月廿二日

一左之趣を以孫市郎方被申談候事番頭廻文は略

御番頭四人へ當

黑田播磨

猶以本文之通相達候得共守衛筋之儀は穩に相心得候樣との趣も用人ゟ及口達候段も申出候此段は爲念申入候以上

別紙之通御奉行所ゟ佐嘉御方ゟ被爲達候段申來候旨聞役ゟ申出候爲心得寫差越之候御番手之面々ゟも可被相達候以上

閏七月廿一日

御奉行所ゟ之御達書寫

長刀岩前ヒユウ瀨汐干潟に相成候節イキリス人共依願右之瀨へ揚り候儀差免候尤前廣申立撿使附添不申候ゐは不相成其外バツテイラ等

にゐ乘廻候義は不相成候事

右之通船將ぃ申渡

○同廿三日

一御國許ゟ御飛脚着候由右御飛脚御足輕大内左内來上野右内ゟ之書狀持參廿日立なり右書中に此節增御人數同役に付添悴保も罷越居候趣申遣候事

一暮合貳番之御船に神崎着船入夜船揃之由吉郎左衞門高鉾致渡海候得共御番頭衆寄合も入夜に付相止明日相成候事

○同廿四日

一吉郎左衞門高鉾へ致渡海予も神崎前へ參悴連來居候大森與左衞門乘合船六ノ八拾石致詮議候得共不相見候間高鉾ぃ上り頭取へ相尋候處致着船居候相違は有之間敷猶船奉行ぃ引合見候得との事に付直に御船奉行宮木新兵衞左之船は致着居候哉と相尋候處無相違着船之旨致噂候に付

猶穿鑿いたし候得共不相見自然は直に水浦へ乘込居可申と存引取候事

六ノ八拾石　船頭　神湊浦嘉平

附此節同役は何れも早船乘無之御手荷船壹艘浦荷船五艘に乘組來黑崎之東海船御手當之由に候得共折節不居合候ゟ右之通之由尤御足輕頭御馬廻頭大筒役は三百石貳百石或は早船乘候付參居候付得共右は著崎之上も船住居に見込同役は御臺場幷水浦御木屋住居之含は右之通に候由

大森與左衞門

栗原與五郎

東鄉孫市郎

津田孫平次

一晝後水浦へ致渡海居候處立神沖にゟ右之面々ニ往合候ゟ悴請取直と水浦へ參右の八拾石ゟ悴荷物等請取夫ゟ御茶屋へ上り同役木屋へ見廻

一七ッ比引取直に忰召連孫市郎方御木屋へ行右之趣相屆置候事
但吉郎左衞門高鉾渡海之節大頭へも出會有之儀に付此節之忰義大森與左衞門へ附添來今日手許へ引請候趣噂之儀相賴置候事

十二　一壹番立貳番立共同役住居割請持割左之通に相決候事

高鉾在番
西川吉郎左衞門
大西諸平
吉崎淸右衞門
井上庄左衞門
阿部專之丞

高鉾在番
長田半左衞門
野間五右衞門

増

井上宗八
西川甚之丞
野間源次郎

長刀岩在番

久佐孫兵衛
久佐彦左衛門
安部孫七
高木仁太夫
末永作之進
藤井利左衛門
安川榮
小川佐平

增 　　櫻井源十郎

依便利陰ノ尾 　　太田與一郎

在住 　　佐藤外衛

高鉾在番 　　西川吉郎左衛門

大西諸平

吉崎清右衛門

井上庄左衛門

阿部專之丞

增 　　長田半左衛門

野間五右衛門

井上宗八

水浦ゟ掛持

増

〆

白崎在番

西川甚之丞
野間源次郎

杉　茂平
大森与左衛門
讃井平四郎
安川正太郎

杉　権右衛門
井上権一郎
齋藤太七郎

陰ノ尾在番

吉田市六
野間又六
村澤喜三太
藤田文右衛門
津田久一郎

〃

長刀岩
在番

久佐孫兵衛
久佐彦左衛門
安部孫七
高木仁太夫
末永作之進
藤井利左衛門
安川榮

小川佐平
増　櫻井源十郎

依便利陰尾　太田與一郎
在住　佐藤外衛

早川重五郎
東郷孫市郎
水浦ゟ掛持　津田孫平次
増　栗原與八郎
根本保兵衛
飯永庄三郎

福島兵藏
伴次郎左衛門
大森圓太郎
末田喜太夫
本間源之進
梶原八太夫
福島文四郎
田隅六七郎
末田作之進

水浦請持

増

○閏七月廿五日

一吉郎左衛門ニ權右衛門高鉾同〔マヽ〕崎ニ移替り之事

一五太夫方ゟ左之通達來尤住居割請持割別帳は前に有之故略す

各年御臺場請持割別帳之通申談候條住居操之儀ケ所々々にて被申合
指支無之樣住居可有之候以上
一貳番立御番頭衆御臺場請持割外記殿ゟ吉郎左衞門へ問合有之候へ共不
覺候由にて手許書留借り遣に付右便ニ相渡候事
○閏七月廿七日
一御座船乘之御納戸兩人御臺場拜見に來尤兼て達來
○同廿八日
一御醫師衣笠雲山坂春桂來候に付住居場所相尋候處此節貳番立にて罷越
居候處一昨日ゟ孫一郎乘船信風丸へ乘組尙御臺場下致繫船候樣御番頭
衆ゟ申談候由に候事
一御馬廻組十人虎丸ニ乘組當所下繫船之筈に候得共繫り場所惡く多く木
鉢へ繫り居候て折々當所下へ來候事
○同廿九日

十三　一播磨殿ゟ御番頭衆へ左之通達來候由にて孫市郎方ゟ寫被相達

御奉行所ゟ今日佐嘉聞役御呼出之上別紙之通被相達趣申來候右に付

御非番所御臺場々々守衛筋之儀尚又嚴重可被相心得候此段相達候以

上

閏七月廿九日

寫

ヱケレス人再應依願爲運動養生本船近邊幷伊王島邊ハツテイラ乘廻

之儀指免候條此段相達候

寅閏七月

○八朔

一孫一郎方假木屋へ相宿何も當日祝儀に行

一左之小書付五太夫方へ指出同役渡海に付相賴候事

覺

今度貳番立に付指越候節悴保儀後〔爲脱カ〕學依願大森與左衛門へ付添閏七月廿日波戸場乘船致著崎候上同廿四日ゟ手許ゐ罷越申候

閏七月

井上權一郎

○八月二日

一外記方ゟ異船之圖本船蒸氣船貳艘寫取之儀を同役長田半左衛門渡海に賴來候事外に野間五左衛門井上宗八來

○同三日

一大森與右衛門父子東郷孫一郎栗原與八郎讃井平四郎安川正太郎來

一御番頭衆へ聞役兩人ゟ掛合候寫

以手紙啓上候然は一昨廿九日阿蘭陀蒸氣船々將次官其外之者共寺社參詣幷市中一見之儀依願に付差免候旨佐嘉聞役ゟ爲知遣候然る處同

日天氣合に依而致延引其末何たる御達も無御坐候付手筋承合候處今
二日市中徘徊仕候趣に御座候此段爲御承知御掛合如斯御座候
八月二日
一新古御番頭中衆被申合之上左之通播磨殿へ伺候處追々御指圖可相成趣
之由に候事

覺

此節イキリス船致渡來候付專に穩之取計仕候儀は何も勘辨仕儀に御座候處バツテーラにて沖手乘廻之儀御差免に相成候上は不絕可乘廻依而自然異人共御臺場近く乘寄候はゝ相成丈仕形等を以相制致上陸候はゝ其場所にて致遠卷早々其旨公役へ申遣指圖を以取計可申候得共其內法外及亂妨候歟放出或は鈎抔拔候はゝ其節は兼而御規定通り臨機之取計いたし候義は最前御指圖之通相心得居申候然に此度は最早御紏も相濟居候得共御大法も勘辨仕居候事故亂妨等にも不相至候

共揚陸候はゝ直様打拂等之手數に不相至哉に候得共夫にては却て後害を招候譯にも可有之候得共萬一上陸之依振合難差置時情に至候節尚以穩便之取計と申儀は何れも何分見込難相立其輕重に依て取計方御指圖被成置被下度此段奉伺候已上

一月成權太夫方ゟ御番頭衆へ掛合候寫

今日御茶屋致渡海伺書播磨殿江指出候處御指圖可有之旨被相達候且又別紙御當番方ゟ御奉行所へ内達之可通幷別紙二通内記ゟ相渡候付則爲御披見指廻申候以上

八月二日

今般渡來之暎咭唎人共運動爲養生端船乘廻り之儀願立候付魯西亞人畢竟も有之に付御聞濟に可相成哉然る節は表向御達可被下旨御内達之趣番頭共へ相達候處右は大瀬戸邊ゟ伊王沖合乘廻候樣自然深堀候ママ所又神崎小瀬戸之間乘廻こし無餘儀制方仕候半て不叶に付右之ケ所

々々は乘廻り不申通屹度異人共へ御申渡被下候樣御內達可仕旨番頭共申聞候已上

閏七月廿七日

松平肥前守內

鍋島新左衞門

御付札

喋咭唎船永々滯船に付如願爲運動バッティラ乘廻指免候尤被申立候場所へ指置候得共若心得違乘寄候ゆも制方等温和に取計聊手荒之儀無之樣末々迄も屹度申渡可被置候事

別紙の二　其後御兩家被相達候分

イキリス人爲運動バッテイラ乘廻之儀に付被申立候趣も有之候得共猶船將ゟ申立候品も有之に付伊王島香燒島廻乘廻指免候岸近く通船或は神島四郎嶋邊は不乘廻樣申渡置候尤役船爲付添候得共可然場所へは夫々番船等御指出置有之候樣存候若心得違にゆ岸近く乘寄候共

兼而及御達置候通聊手荒之儀無之樣相心得精々穩に取計可被申候此
段申達候以上
寅閏七月
○同四日
一出張撿使船之向寄々相用辨に付差出置候御足輕頭是迄壹番面々交る々
々出方有之居候異人共端舟乘廻被差免御臺所近邊へも乘來に付御臺場
守衞方之都合有之右出番貳番立御足輕頭より出方之處に五太夫方ゟ立
番方ゟ說合候末御番頭衆評決に相成明五日ゟ一晝夜詰切之所に申談候
相成尤貳番立ゟ出番に付撿使ゟ之通達事等御臺場之通達之ため急用丸
被差出候所に相成候事
○八月五日
一五太夫方ゟ左之通達來
少將樣近々　御越座被遊筈に付御臺場々々

御巡見之節此折柄に候得共格別不敬之儀無之樣被取計御手入ヶ所等
も有之候はヽ早々可被申出候以上

○同六日

一頃日相山市郎太夫不快根に入候容體に有之一族之儀に付孫市郎方御茶
屋へ渡海申合等有之候付貳番立御馬廻頭花房喜三右衞門方渡海有之右
留守中守衞被致候事

一撿使船向寄へ出番御足輕頭井上昌兵衞ゟ御臺場に番頭衆へ之屆左之通
一筆啓上仕候就は今日撿使イキリス船へ乘込に相成候處指留置御奉
行所へ伺に相成候由乍併異船之事故不圖出帆可致も難計に付爲心得
內分相達置候旨只今申來候此段御屆申上ヽ以上
八月六日

一孫市郎方夕七ッ比御茶屋ゟ引取有之に付靑左衞門方も水浦へ引取相成
候事

○同七日

一異船出帆之支度と相見へ蒸氣の煙出し等押立帆仕舞等も可致

一聞役兩人ゟ御番頭衆へ掛合寫

以手紙啓上仕候然に手筋ゟ極内密爲御知之此度渡來暎咭唎船明七日當沖致出帆度旨頻に申立候尤右之趣は御番頭船撿使付いは撿使ゟ相通候段及噂候彌右之趣撿使ゟ相通申候儀に御座候哉爲念乍内分御問合仕候否早々被仰知可被下候右之段播磨殿いも内分申上候處一應貴所樣方いも及御問合候上依趣は御旅中迄可被及言上之旨被仰聞候此段早々御掛合申上候以上

八月六日

一五太夫方ゟ御番頭衆へ之掛合左之通

唯今同役立番ゟ申越には夜前撿使ゟ出番御足輕頭迄内分及通達候趣致承知候付聞役及問合候處原靜馬御奉行所い罷在問合候處明朝御指

圖可相成旨被仰聞候由聞役ゟ懸合候條右御達に相成候上に而貳番立之面々御臺場々々可致出張申合居候趣に御坐候且又別紙之趣聞役ゟ通達におよひ候趣をも立番ゟ申遣候間爲御披見指廻申候彼是爲可得御意如此御座候以上

八月七日

十五

今日異人共ゟ申立

○當湊著岸ゟ凡廿日にも相成候得共何たる沙汰も無之に付明七日出帆江府い可罷越候

右之通申立候付御奉行所へ相伺指圖可致旨撿使ゟ申聞相伺候處明日指圖可致との趣に付異人へ申聞候處

○明日八ッ時迄は可相待夫ゟ過候得は出帆致との申分之由

〆

一大頭ゟ左之通達來

尚以昨年非常中　　御越座之節之通無禮陪臣
御目通に致來伏居候通申合居候條其心得可有之候以上
少將樣此許御非番所爲　御巡見一昨五日
御發駕明八日大村ゟ此許　御番來る十日御非番所御臺場々々御巡見
被遊筈に候段御下知申來候尤　御巡見之御都合等は御著座之上被
仰出筈に付ヶ所々々　御上陸之心得有之掃除向其外共此折柄之儀に
候得共格別不敬之儀無之樣可被取計候尤　御巡見之節粧裝束にゐ
ヶ所々々御臺場ゟ可罷出候御臺場々々御幕張其外出方場所等之儀は
番頭中申合之上ヶ所々々出張番頭ゟ可及指圖候此段相達候以上
八月七日　河村五太夫
一撿使船向寄出番御足輕頭船田半太夫ゟ孫市郎方ゟ屆左之通
以手紙啓上仕候イキリス船出帆之儀昨日撿使ゟ被相達置候へ共又々
今日乘込に相成得と糺に相成候處今暫く滯船仕御下知相待可申且又

滯船中爲保養木鉢脇に揚陸仕度旨をも申出候處奉行聞置相成候に付爲心得不差立撿使ゟ被相達候此段御屆如此御座候

八月七日

一大頭ゟ御番頭三人之廻文左之通

同役立番ゟ別紙之趣申越各樣へは拙者ゟ及通達候樣との儀に付爲御承知別紙入御披見申候

一御巡見之節御臺場御餝之向之儀立番申合候而別紙廉書を以毛利內記方迄及引合候處付札を以指圖相成申候是又別紙差廻申候間御披見に相成御幕張等之儀各樣ゟ御指圖可被下候且又　御休息所取立之儀此折柄行屆兼候間御床机にあ御仕廻被遊有御座度段も右同樣申出候處內記方承置　御著座之上可申旨達御書彼是爲可得其意如此御座候

八月七日

尙以乍略儀御順達可被下候將又今曉入御披見候イキリス船出帆之儀

申立候趣之書付全く聞役手許迄役筋ゟ極内密爲知におよひ候趣靜馬ゟ内分役所之者迄及噂候心覺迄に書取立番迄申出候由同人ゟ之申解行屆居申候旨に御座候間此段申述候右之通内密之都合御含置可被遣候以上

〆

覺

一此節　御越座　御巡見之節御臺場々々御備向平常御番中　御巡見之通幕張御長柄鎗等御餝付に相成候樣可仕哉之事

一御臺場々々餝向此節一立御省略に相成居申候付此節御巡見之節御餝向も右に準假木屋其外不敬之場所計見込を以御幕張等にゐ可然哉之事

一平常御巡見之節通御餝立に相成候はゝ此節非番は御餝向一體御省略に相成居候末に付分ゐ目立候樣相成自然異船ゟ疑を生し穩之御趣意

に致相違候儀共は有之間敷哉併
御巡見之折柄に付却而少は際立も可然哉之事

〆

御付紙
三ケ條書面之趣全承知候此節は一立臺場々々御餝向御省略に相成居
に付
御巡見之節も右に準し申出候通假木屋其外不敬之場所計御幕張等可
被致候以上

八月

別紙
今日朝飯後播磨殿ゟ御呼出に付致渡海候處イキリス船出帆之趣に付
貳番立御人數出張之儀報候所靜馬を以委細申出候趣御承知被成候今
朝靜馬御奉行所ニ罷出用人出會咄合見取同方へは何たる儀も承知不
致趣相含候間爲用便沖出役物頭ニ撿使之衆ゟ御通達に相成候儀は相
違も無御座候由申入候處成程船將ゟ昨日書翰は差出候得共書翰之趣

用人抔は承知不致由右等之間違にも可有之哉併異人共之儀に付何時出帆可致哉難計趣申聞候由に御座候右之都合に付貳番立之御人數御臺場出張不致是迄之通相心得致守衛候樣且夜前之末に付人氣立不申候樣番頭中申合才判可致旨被　仰付候將又前文之趣沖御番頭中にも通達いたし候樣との趣も被爲達候條御手元迄申述候外御番頭中へ通達可被下候事

一播磨殿ゟ御番頭衆へ達に相成候寫

先刻申出候末イキリス船出帆之義御奉行所ゟ御達は無之候得共自然差向致出帆之節貳番立番頭中初夫々請持之御臺場々々に出張可被致候尤水浦には別紙之通被相殘置守衛向之儀に重疊被申談置候樣存候

以上

八月七日

水浦に相殘候面々

大組五人

目付壹人
足輕頭壹人
石火矢役九人
馬廻役拾人
大筒役拾人
醫師貳人

十六　一御巡見之節御番頭衆被仰含之廉左之通

覺

一御巡見之節出方左之通

水浦権太夫
同　立番
高鉾嘉右衞門

嘉右衛門儀は陰尾出方之筈に候得共同木場所詰り候に付右之通申合

長刀岩　　　　喜三右衛門

但右何れ組共

御巡見之節心得之廉々

一番立御番手中守衛之御臺場に致出張候事

但著服具足下陣羽織候事

一銘々脊旗不相用候事

尤持鎗爲持候事

一無禮陪臣末々迄

御目通に罷出候事

但著服準前候事

一御臺場々々御幕張其外不敬之場所御幕張御用人ゟ差圖之通に候事

一異船致出帆未た帆影不見隱以前に候得共矢張非常之通勿論帆影見隱

候段御達有之未た佐嘉へ御渡無之內

御巡見有之候得は則平常之通に付其節は無禮陪臣は不罷出候事勿論

其節は手段に候事

一御番手中出方場所は其御臺場限隊長ゟ見込を以指圖可致候事

一番頭居木屋計自分幕張いたし附屬居木屋へは御用幕張之所申合候事

右之外入用無之廉は不寫

〇八月八日晴天　宿狀其外之狀態

少將樣無御滯　御番崎被遊候事

一大筒役林吉六其外五六人來兼而及相談居候通左之品々爲持來候付左之

通入組預り置候右は當所請持に付自然之節爲便利持込置候由尤先之比

福島兵藏へも及相談候由にﾃ兵藏ゟ致傳言

覺

一合藥箱　御石藏へ入置

一大筒入箱拾を御切組之内に入置
一打方諸道具入箱拾
一火矢箱壹ツは
此二口御道具木屋に入置
一喜三右衞門渡海有之孫市郎同道にて御臺場內見繕有之
御巡見之節出方場所等之儀打合せ相定置候事
一播磨殿ゟ番頭衆へ左之通達來候段孫市郎方と申談候事
御奉行所用人ゟ原靜馬迄懸合を以イキリス人も上陸場爲見分今四ツ
時撿使差添木鉢浦へ被爲致上陸候付爲心得致通達候段申來候旨申出
候爲心得此段申入候以上
八月八日
○八月九日
一地方御茶屋へ悴遣宿狀幷包拘其外書狀等上野右內は賴遣候處同人は致

出會相賴宿許ゟ送り越候書狀等請取候事
一孫市郎方假木屋へ行候處此節
御越座被遊候付御番手中鹽小鯛拜領被
仰付候段被相達相宿中へも右之趣申談候樣と之事に候事
右に付御禮申上引取相宿にも申談候事
一五太夫方ゟ御番頭三人へ之廻文寫を以孫一郎方ゟ被申談候事
明十日御臺場々々　御巡見之御都合別紙之通御用人ゟ被相達候旨且
又別紙御達書寫四是亦御用人ゟ達に相成候段彼是同役玄蕃ゟ掛合を
以指越各樣には拙者ゟ及通達候樣申越候に付則差廻申候御附屬之面
々には御一隊限御達可被成候尤御石火矢役にはヶ所々々に而御達可
被遣候此段爲可得御意如此御座候以上
八月九日
尙以先刻外記樣御指廻被成候小鯛被下御附屬之面々御達被成候節御

石火矢役中ゟも ヶ所限り各様ゟ御達可被下候以上
御非番所御臺場々々　　御巡見之御次第
一明十日五ッ時御供揃にて　御乘船水浦ゟ御上陸御茶屋へ被爲入間道
通り木鉢ゟ　御通行被遊同所ゟ御臺場々々　御見流にて御引返又々
水浦御茶屋へ被爲入　御晝直に御歸座被遊筈に候事
但瀨ノ脇大鳥崎は　御見流し筈に候事
一御船飾之儀例は絹御幕張御印之銘々武器等飾付之通申合居候得共此
節は　御巡見之御模樣外向ゟ不相分樣との
御趣意に付木綿新御幕張木綿御船印持鎗計致繫船候事
寫
御用人ゟ達四通之内
其方抱地鼠島之儀此度御用に付御買上申達候間右之邊今日中可致引
渡且先年に讓受候節之年月銀高等取調可被申聞候尤高木作右衞門ゟ

も申渡置候間可爲談候此段相達候

寅八月

右同

寫

暎咭唎人共爲運動木鉢浦へ致上陸候樣昨日相達置候處右場所指支有之候間當沖鼠島ヘ揚陸差免候往返見守船之儀御當番方ヘは時々撿使ゟ可相達候尤島岸ヘ繋居候警固船にて引拂小瀨戸邊其外都合宜場所へ間配置可被申候此段爲心得申達候

寅八月

槇　玄蕃

河村五太夫

神代與三兵衛

桐山市郎太夫

前に同四通之内

原　静　馬

追々イキリス人西御役所へ被呼出筈之旨御奉行所ゟ被相達候尤大波戸ゟ上陸之由に付其節江戸町海手ニ御幕張等有之候條御手當向御不都合無之樣可被取計候事

八月九日

前に同四通之内

左之面々御非番所御臺場々々拜見之儀相願又之進殿聞置相濟候事

村岡六兵衞

小河久之丞

島　八左衞門

牟田口權四郎

高田十右衞門

中　村　到

岸原市太夫
猪野作之丞
下村七郎次
奈良原右平
松原長七

○八月十日
一孫市郎初御足輕頭兩人御馬廻組拾人御醫師兩人其外御足輕三拾人家頼々々迄も當在來候致出方相宿上下六人石火矢打も致用意　少將樣木鉢御出之御模樣不相分候間見合孫一郎方ゟ飛船を以高鉾ニ問合有之候處同所も不分に付飛船差出有之候處唯今木鉢ゟ御引返に相成候段申來候由にて飛船引取候に付何も引拂に相成候事
○同十一日
一御臺場拜見之面々高田十左衛門牟田口權四郎中村到猪野作之丞來尙御

番所江暫時致休息候節噂に今日紅毛蒸氣船江
少將樣被爲　召候由に候事
○同日
一此度　御越座に付御番手中鹽小鯛拜領之
御意　達有之例之通り略す
○同十二日
一孫一郎方ゟ左之趣に相達候事
尤御禮は御同人に直に申上相濟候事
御意
此度當所江被差越何も大儀に被
思召候事
一孫市郎方ゟ左之趣被相達候事
明十三日五半時イキリス人共西御役所江被呼出候旨御奉行所ゟ被相

達候且亦右御呼出に付左之通播磨殿ゟ聞役へ被相達候彼是爲御承知
御達申候事

聞役ゟ

明十三日イキリス人西御役所へ被呼出候付御屋敷住居之面々を初惣
而末々又者等に至迄右イキリス人上陸之節海陸共爲見物罷越候儀は
勿論私用海陸共徘徊不致候樣可被相達候事

八月十二日

一暎咭唎人本船ゟ波戸場迄彼國之端船に乘組罷越候に付右之趣御番所
幷出張之面々にも相達可被置候

右之趣佐嘉聞役へ相達候間可被得其意候

寅八月

一御越座立御船に歸船いたし候事
一桐山市郎太夫ゟ御番頭中へ來候爲知之寫

以手紙啓上仕候然は私儀今日五半時
御茶屋へ罷出候樣　御剪紙到來仕候處就病氣名代神代與三太夫罷出
候處於
御前年來出精相勤去秋以來當表ゟ魯西亞船追々渡來之節每事委遂勘
辨就中再渡之節は御役々下向に相成一體　公邊之御趣意も有之惣
而度々之
御越座彼是不一通御用多之處心力を盡し前後數十日之間聊無御手拔
樣心を配御奉行所引合筋等萬端功者に執計候付當春
御越座中水野筑後守殿ゟ御直に右勤勞致御用達候趣厚御挨拶有之畢
竟老功
御爲宜相勤候に付　御外聞も宜別而
御滿悅被遊候依之以格別八拾石御加增被下都合六百壹石餘に而被
仰付彌

御爲宜出精可相勤旨叉之進殿被　仰渡難有仕合奉存候右御吹聽爲可
申上如此御座候以上
八月九日
一右同日原靜馬も去年已來之御賞與にゐ御給拜領被　仰付候由に候事
一御供御用人大音六左衞門方ゟ月成權太夫方へ掛合之寫
鼠島御引渡濟之儀先刻於水浦御問合之末猶亦御懸合之趣致承知候則
取調子候處昨日聞役取計にゐ右御引渡相濟候由にゐ右に付沖手出張
之面々ハ御通達之儀宜御執計候樣有之候
八月十日
大目付ハ
御奉行所ゟ佐嘉御方ハ左之通被相達候段申來候條
御越座御供之面々を初惣ゐ末々に至迄爲心得可被相達候以上
八月十日

十七　今度渡來之唉咭唎人依願上陸之儀差免當沖鼠島ニ晝之內上陸爲致候
條見物として罷出間敷段は勿論之儀有之漁船其外之船たり共鼠島へ
近寄申間敷候若心得違族於有之は召捕吟味之上咎申付所役人迄可爲
越度候
右之通市中鄕中相觸候間爲心得相達候
寅八月

十八　一御番頭衆廻文之寫前文略之御奉行所ゟ御達左之通
寫
近々イキリス人西役所へ呼出候に付大波戸幷西御役所口假番所貳ケ
所被補理當日弓鐵砲長柄飾付番衆幷足輕等被差出立番固幕張其外警
固船等之儀都而去丑年魯西亞人呼出節之振合に可心得候右に付明九
日五ッ時所引渡可申撿使之者ゟ受取可被申候右に付相伺候儀も有之
候はゝ其節可及差圖候

右之通御當番方江相達候間爲心得相達候

寅八月

一撿使向寄見守船杉山新兵衞ゟ孫市郎方へ之屆左之通

以手紙啓上仕候然はイキリス人大將士官十四人其外七十七八明々十三日五半時西御役所へ被呼出候旨唯今撿使ゟ申來候段御屆申上候

一五太夫方ゟ御番頭衆へ廻文之寫

イキリス人西御役所へ被呼出候節諸用に被召仕候小早船拾艘上陸度々被差出候樣御奉行所ゟ達有之評議之上壹番之貳番立之內ゟ急用丸拾艘被差出筈に候右手當之儀立番ゟ御船奉行へ相達置候段申越候其末壹番立御船之內左之通御仕方之儀御船奉行ゟ申出有之候間御承知置被下御附屬付船御臺場付之分御仕方に相成候段は其ケ所々々御石火矢役江御達置可被遣候尤代船浦船に而夫々引付候筈に御座候此段爲可得御意此《マヽ》座候以上

八月十二日

大組乘船
十三
一急用丸　三光丸付
高鉾
四
一急用丸　御臺場付
十八
一急用丸　大組頭付
十二
一急用丸　陰尾御臺場付
三十
一急用丸　御船奉行付
〆

〇八月十四日
一先月御非番所御請取之筋追而聞役限り佐嘉御方ハ御渡に相成筈之御證文イキリス船渡來にて是迄相延居候分今日名許に書判居候様外記殿ゟ西川吉郎左衛門へ噂有之候由にて井上庄左衛門右御證文持參致渡海候

付直に書認相渡尤孫市郎方ゟも庄左衛門持參にゆ今日認有之
○同十六日
一大頭役所小頭御作事棟梁來損所等無之哉見繕候事
一大筒役五人來大浦之脇ゟ陸通候由當所請持居候儀に付自然之節風波等にゆ水浦ゟ渡海難相成節之ため試候樣番頭衆致申談候由に候事
○同十七日
一大筒役四人昨日之通陸ゟ來何も試之由に候事
一内記殿ゟ貳番立御番頭衆へ之書面を以壹番立御番頭衆廻文別紙之寫
明十八日イキリス人西御役所へ被呼出候旨被相達候且又右に付一統心得方之儀播磨殿ゟ聞役へ別紙之通被相達候彼是爲御心得申進候尤同日大筒役御茶屋下繫船等之儀は去る十三日之通宜御執計候樣存候
已上
但播磨殿ゟ聞役ゟ之御達書は去十三日通に付略す

一權右衛門蔭尾へ渡海當所損所書付五太夫方へ指出且御道具木屋錠鍵損候付是亦致持參繕候儀申出候事

○八月十八日

一異人共西御役所出ハッテーラ五艘其外公船御兩家之御船に往返す入夜五ッ比異人共本船へ引取候事

一イキリス蒸氣船貳艘本船近邊に繋直之儀申出御奉行御聞濟に相成候趣撿使ゟ見守船御足輕頭へ致通達候趣に届出候趣孫市郎方ゟ被申談候事

○同十九日

一長田半左衛門非上宗八來浦荷船乘候儀に付大頭ゟ横折差出度安太夫案文認相談に來候事

一福島兵藏實母去る十三日死去之儀到來候旨爲知來
右は針屋七右衛門養母なり

○同廿日

一吉田市六來此節自然同役所拂に相成候節は兩三人居殘水浦にて御藏々ゟ御道具類納戸頭方見ケ〆又は非常之節取出方便利宜ため爲跡方付十日計居殘之儀申出候申合也尤石火矢打も兩三人居殘候筈に候事

○同廿一日

一イキリス蒸氣船貳艘本船近邊ゟ繋替遣候事

一御作事等ゟ御筒上家小板繕御柵手入等に來候事

○同廿二日

一孫市郎方ゟ明廿三日イキリス人五ツ半時西御役所へ被呼出候段達來候趣爲心得被申談候事

○同廿三日

一五ツ半過ゟ異人共西御役所出毎事先日來之通に候事

一御番頭衆ゟ播磨殿へ伺に相成候寫左之通

此節イキリス船致渡來候に付ては專穩に取計候儀は其砌御委細に御

合も御座候事故何も深勘辨仕居申儀御座候然處バッテーラ沖手乘廻候儀御差免相成候上は不絶乘廻可致依ゟ自然御臺場近く乘寄候儀も可有之其節は仕形等を以相制重疊穩に取計儀に御座候夫共押ゟ致上陸候はヽ其場所間違に有之急速難相成節遠巻にいたし其旨相通得差圖可申候自然其內法外及亂妨に放出或は鈎抔拔候はヽ不得止事彼に應し臨機之取計兼候御規定も有之儀に付其場においゝて見込を以取計候將又御臺場間近に致徘徊萬一御柵內に這入可申哉も難計其節は猶又頻りに仕方等を以相制候ゟも夫も不相用乍去差ゟ亂妨と申程には至り不申候得共彼是之內御餝付御道具類等へ相障候儀も可有之歟其節は悉召捕にゟ撿使手許へ引渡可申哉右樣にゟ穩之御趣意にも戾り可申哉にゟ候得共現業に至り何分見込難相立併最早御大法も勘辨仕居可申候付不法之振舞もいたす間敷儀に候得共異人共之事に付如何體之儀は可致出來も難計其場に至り御指圖を伺候間合無之候間兼ゟ

御差圖被成置被下度此段奉伺候以上

八月

解題

小西四郎

江戸幕府が鎖国政策をとってから、長崎港は「鎖国の窓」といわれるように、外国と接触する唯一の港となった。出島にはオランダ人が居住し、唐人屋敷には中国人が住んだ。長崎港は、天領として長崎奉行の統治するところであり、その奉行の重要な職務に、このような対外関係を処理する事務があった。オランダ船や中国船の入港、貿易、居留外国人の監視などをはじめ、何時現われるかも知れない他の外国船に対する警戒など、それが国際問題を引き起すだけに、奉行の職務は極めて重責であった。

しかし長崎奉行の直接配下の武士は、少数であって、その軍事力は微々たるものであった。凡そ天領の軍事力は、長崎に限らず一般的に薄弱であった。奉行や代官とその配下の武士では、一朝事ある時にはほとんど用をなさない程度であった。だから例えば、幕末期に、生野銀山や奈良県下五条などが、僅かな尊攘派によって襲撃され、占領されるという事にもなったのである。

幕府としては、天領の防禦を奉行や代官の軍事力によってのみ行なおうとしたわけではない。事件の起った時には、傍近の諸藩に出兵を命じ、これによって事態を処理しようと考えたわけである。常時大兵力を駐在させておくことは、財政上からいっても不可能なことであった。

このような方針をとった幕府は、長崎港についてはその重要性を考えて、早くから砲台の築造や、出兵すべき傍近諸藩を指定して警衛につかせたのであった。長崎港に近い九州の諸藩、その中でも大藩である福岡・佐賀・熊本・大村などの諸藩に長崎警衛を命じたのであるが、この事はこれらの諸藩にとって、大きな負担となるものであった。またこれらの諸藩は、このことによってさまざまな影響を受けたのであった。例えば蘭学の移入や、西洋近代技術をいち早く受け入れるなどのごとき、ただ単なる財政面というような問題に限られず、さまざまな対応がこのことによって生れたのである。

このような長崎警衛の全体的な研究は、これまでほとんどまとめられていない。一つの事件や、一つの場所についての報告はあっても、全期間を通じての長崎奉行や諸藩の警衛状態は、ほとんど明らかにされていない。このことは、一つには諸藩の長崎警衛に関する史料が、ほとんど残されていないし、また残されたものがあるにしろ、それがほとんど公刊されていないからである。

本書『長崎警衛記録』は、このような意味では貴重な史料といわなくてはならない。本書の原本は、例言にもあるように福岡藩主黒田家の所蔵に属し、福岡藩士井上権一郎の筆になるものである。福岡藩の長崎警衛については、同じく例言にかなり長文の解説が附せられているので、その沿革や実態の大要を知ることができる。それによれば砲台造営費もほとんど諸藩の出費であり、また一年四交代の定例警衛を行ない、藩主も在国中四度長崎に赴くこととなっている。一年の警衛を終ると他藩と交代するが、しかし「非番の年と雖異国船予期せざるに来航するとあれば、藩士隊を編して急ぎ長崎に到り、所謂非番石火矢台の警備に就くを例とす。其の当番の年費す所の藩費約五万石と推定せらる」とあるように、時には非常警備に就かなければならなかった。

本書の筆者井上権一郎は、福岡藩の石火矢役であり、砲台の操作に当った人物である。その禄高等は、当時の同藩の分限帳などを調べなくては、はっきりとした数字は出せないが、藩士の中ノ下、乃至下ノ上あたりに属する人ではなかったかと推定される。この人物は、「此節魯西亜船入津砌之御備等之模様 幷其後繋船替候節之模様拙者申合絵図仕立候様」（二八四頁）に命ぜられたり、長崎港に滞留している同藩の医師河野養立が、蘭法の算術を勉強し、これを藩士らに教授しているが、「同人（養立）より八算之工合且見一ノ百目十六割文相伝候、三桁物四桁物は養立も未た不存由近日養立習にて教に参筈之由、然に予即座致工夫居候処、四桁にても五桁にても割掛之工合致出来候」（二六三頁、傍点解説者）ともあるように絵心もあり、数学にも明るい有能な人物であったようである。

この井上権一郎が、弘化二年（一八四五）嘉永六年（一八五三）及び翌嘉永七年（安政元年）と、三度にわたって長崎警衛に当るが、その間の行動を日を追って詳細に記したものが本書である。例言には「記事頗る瑣細に亘れるものあれども当時異国船渡来に際し、長崎港警衛の状を知るに足る貴重の文献となす」とある。「瑣細に亘る」という表現は、何か本書の価値を低く評価するような表現であるが、このような表現は当らない。まさにこのような「瑣細」とも思われるような具体的記述こそが、研究の上に重要な意味を持つのであり、大要を述べる史料はあってもそのもう一つ裏付けとなる詳細な個人記録こそ貴重なのである。

弘化二年の日記は、四月九日に始るが、この年の警衛は定例であり、そのための準備のはじまる頃からの記事が載せられている。本書十五頁から二十頁にわたって「長崎二番々送り立御船組」十六艘が記されているが、これによってもかなりの大規模な派兵であることがわかる。しかし船は五十六挺立が最大であり、貧弱なものであった。このような船をいくら備えても、進んだ大型外国船には対抗できなかったであろう。船と船の戦闘などは、考えられないものであった。頼みの綱は、陸上砲台であり、これによって何とか外国船に対抗しようとしたのである。

準備を終って福岡藩船は六月二十二日出発、二十五日長崎に到着した。ところが到着したあと十日程経過した七月四日、異国船が一隻長崎港外に入った。これはイギリス船であり、この臨時入港に大騒ぎとなった。佐賀・諫早等の諸藩から応援隊が駈けつけ、非常警備に就いた。しかしイギリス船は、数日停泊したのち七月八日には退帆したため、事態は平静に戻った。同年十月には、入港していたオランダ船も出帆した。この間藩主の長崎出張もあり、この事情や、砲台警備のさまざまな問題が記されているが、十月十日井上権一郎は福岡に帰っている。同年の日記は、十一月十日に終っているが、さらに「弘化三年丙午正月二日、乗船にて長崎御火通御用に出立、二月十三日帰著、其後六月長崎えフランス船渡来に付、同九日急速陸路出立、同十七日帰著、右両様共別記有之候事」(百六頁)とあるが、その別記は、多分失われたのであろう。残っていたものならば、当然本書中に採録された筈であり、誠に惜しいことである。

嘉永六年（一八五三）の記録は、「嘉永六年丑一番々之末魯西亜船渡来二番々其外増人数被指越候節記録」との表題のもと、同年六月朔日から、十一月十七日に至る間の記事が収められている。周知の如く、同年六月には米国使節ペリーが浦賀沖に来り、日本の開国を促した。その知らせは長崎出張準備中の井上権一郎にも七月二日に知らされている。ほぼ準備も整い、いよいよ出発間近くなった七月十九日長崎から急報があり、外国船数隻が長崎に来る気配であるとの知らせがとどいた。井上権一郎等の乗る福岡藩船は七月二十一日藩地を出発し、長崎に至った。同港に入った外国船は、外ならぬロシア使節プチャーチンの率いる軍艦四隻であった。この強力な艦隊の来航を前にして、長崎港は大騒ぎとなった。諸藩兵は続々として警衛のため、同港に来った。

プチャーチンは、アメリカの遣日使節派遣の知らせを得て、アメリカ同様日本の開国を求めようとしたのであった。幕府は川路聖謨などを長崎に派遣して交渉に当らせたが、交渉は容易に進展せず、ロシア艦隊の長崎港停泊はかなり長期間にわたった。この間の幕府側とロシア側との交渉というような問題については、かなり多くの基本史料が残されており、また研究も行なわれている。しかし長崎港警衛の実態については、十分な報告はなされていない。この間の事情を、本書はかなりよく描写している。十月二十三日ロシア艦隊が退去したため、井上権一郎等も帰藩の途につき、十一月四日には帰宅している。

このようなロシア艦隊の長崎来航は、同港警衛を命ぜられている九州の諸藩主にとっては大きな負担であり、福岡藩以外の藩も大兵力を動員している。例えば大村藩主の長崎奉行宛届書では、領内海岸固め人数七百五十一人、大浦海岸固め人数五百五十人、浦上出張人数四百十三人、蔵屋敷固め人数百四十六人など、総員三千六百八十四人、船数五十五隻とある。この数から見ると大村藩士は、ほとんど全員が参加したと考えられる。また佐賀藩主の届書も、長崎港外伊王島・神ノ島などに派遣した人数のみでも三千人余り、船数八十隻とある。このように藩の公式の動きは、かなり詳細に知ることができる。しかしこの『長崎警衛記録』が示しているような、そこに動員された人々の具体的な動きについて述べられたものはない。その点、本書の持つ史料的価値は高い。全体を通して見ると、諸藩の長崎警衛は、その人員こそ多いが、しかし外国軍艦に対抗できるような備えは、ほとんど整っていないような状態であり、国内で最も防備が完備しているとされた長崎港警衛ですらこの状態では、全く当時の海岸防禦力は貧弱なものであったといえるであろう。

嘉永七年（安政元年、一八五四）の記録は、「嘉永七年甲寅閏七月より紅毛蒸気船渡来に付、急速被指越置候内、イギリス船四艘致渡来候節之記」と題するもので、これは目録があり、十八項目に分れている。同年閏七月朔日に始り、翌八月二十三日に終っているが、内容の前半はオランダ軍艦の長崎来航に関するもので、後半はイギリス艦隊の同港入航に関するものである。

安政元年七月五日、恒例による和蘭国商船が長崎に入港した。出島駐在のオランダのカピタン、ドンケル＝クルチュウスは、このことを幕府に報告すると共に、世界情勢について述べ、さきに幕府がオランダに依頼した軍艦購入の事は、応じ難いとした。しかし近日オランダ軍艦スンビンを派遣して、日本の人々に海軍諸術を教授すると申し出た。同月二十八日スンビンは、艦長フアビユス指揮の下に長崎に来航した。

長崎奉行は、福岡藩に警衛兵の派遣を要請したが、閏七月朔日これが同藩に通達され、井上権一郎の日記はこの日から始っている。同七月五日海路をとって長崎に向い、同地の警衛に当った。このスンビンは、一旦バタビアに帰航し、翌安政二年六月再び長崎に来り、オランダ政府から幕府に献上され、のち観光丸と命名され、幕府の海軍創設に大きな役割を果した。

井上権一郎らがオランダ船警戒のため長崎に派遣されている時、イギリス軍艦四隻が長崎に入港してきた。即ち安政元年閏七月十五日東インド艦隊司令長官ジエームス＝スターリングの率いるウインチエスター号、エンカウンター号、スチック号、バラコータ号の四隻である。当時イギリスは、クリミヤ戦争によってロシアと戦っていた。スターリングはロシア艦隊の動静を知るために長崎に来ったのであるが、もともとイギリスは日本との和親条約締結を考えていた。

スターリングは、先ず長崎港にロシア軍艦が一隻も碇泊していないことを確認したのち、直ちに長崎奉行に書翰を送り、入港の目的を述べた。即ちクリミヤ戦争について述べ、イギリス艦隊のロシア艦隊攻撃等の必要から、同艦隊の日本諸港入港の許可などを記したものであった。

長崎奉行は直ちに幕府に報告して、指揮を求めたが、幕府は長崎・下田二港への入港を許可する方針で交渉すべしと指令した。こうして八月十三日長崎奉行は目付永井尚志と共に、長崎西役所においてスターリングと正式会見を行ない、その後数回折衝が行なわれた。八月二十五日七箇条からなる日英和親条約が結ばれて、調印が行なわれた。ついで同月二十九日、スターリングは目的を達し、長崎を出帆して香港に向って帰航の途についたのであった。

この強力なイギリス艦隊の突然の入港によって、長崎港には非常警備体勢がとられた。外交交渉の過程で、何時いかなる不測の事態が起るかも知れない。井上権一郎の日記は、その間の慌しい動きをよく示している。しかし交渉は比較的順調に進み、イギリス艦隊の行動も、かなり穏やかであった。したがって特別なトラブルは起きなかった。

井上権一郎の日記は、イギリスとの外交接衡の行なわれている八月二十三日に終っていて、条約締結の事や、イギリス艦隊退去について触れられていないし、また長崎よりの帰藩など、この度の長崎派遣の後始末については、何等記述されていない。その点、弘化二年及び嘉永六年のものにくらべて、簡単なものとなっているが、全体の叙述の方法が目録を示して行なうという整理されたものであり、そのような点では、利用しやすいものとなっている。このような一藩士の具体的な警衛に関する記述は、なお他にも存在すると考えられるが、それらの公表によって、本書の分析を中心に、研究は一層前進することであろう。

長《なが》崎《さき》警《けい》衛《えい》記《き》錄《ろく》

日本史籍協會叢書 153

昭和 七 年六月二十五日發行
昭和四十七年十月 十 日覆刻

編　者　日本史籍協會
代表者　森谷秀亮
東京都三鷹市大澤二丁目十五番十六號

發行者　財團法人　東京大學出版會
代表者　福武　直
一一三　東京都文京區本郷七丁目三番一號
振替東京五九九六四電話(八一一)八八一四

印刷・株式會社 平文社
本文用紙・北越製紙株式會社
クロス・日本クロス工業株式會社
製函・株式會社 光陽紙器製作所
製本・有限會社 新榮社

日本史籍協会叢書 153
長崎警衛記録（オンデマンド版）

Digital Publishing

2015年1月15日 発行

編 者 日本史籍協会
発行所 一般財団法人 東京大学出版会
代表者 渡辺 浩
〒153-0041 東京都目黒区駒場4-5-29
TEL 03-6407-1069 FAX 03-6407-1991
URL http://www.utp.or.jp

印刷・製本 株式会社 デジタルパブリッシングサービス
TEL 03-5225-6061
URL http://www.d-pub.co.jp/

AJ052

ISBN978-4-13-009453-5 Printed in Japan